時間的秘密

《時間的秘密》

《時間的秘密》
作者：向日葵

（第二版）

中文電子書於 2011 年由電書朝代製作發行，推廣銷售
電書朝代 (eBook Dynasty) 由澳洲 Solid Software Pty Ltd 經營擁有
Web: http://www.ebookdynasty.net/
Email: contact@ebookdynasty.net

繁體中文版紙本書於 2017 年由 IngramSpark 隨需印刷
Ingram Content Group 推廣銷售
版權所有，翻印必究

《時間的秘密》

給　有夢的人

目　錄

關於本書	6
時間的秘密（代序）	7

第一部：手寫心思 …… 11
- 在網路上看到的一樁差事 …… 13
- 仙境之後的愛麗絲 …… 16
- 獵豹和河馬 …… 19
- 作家的行李 …… 22
- 文字工作者的社會責任 …… 25
- 作家，加油！ …… 27
- 筆名的迷思 …… 31
- 天下本無事 …… 34

第二部：我見我聞 …… 37
- 夢的重要性 …… 39
- 「漂鳥」情結 …… 41
- 迷信的力量 …… 43
- 文學與死刑 …… 46
- 翻譯和出版時間的弔詭 …… 49
- 文學與電影（四之一）：好故事的呈現 …… 52
- 文學與電影（四之二）：敘事觀點的轉換 …… 54
- 文學與電影（四之三）：重要情節的改變 …… 57
- 文學與電影（四之四）：視覺表述的選擇 …… 60

第三部：我思我感 …… 63
- 小豬寶貝的澳洲精神 …… 65

《時間的秘密》

脆弱的讀者	67
失而復得的非絕對性	69
聯想遊戲	71
冰雹的故事	74
生存必要的三本書	76
「情谷底我在絕」的繆思	78
《澳大利亞》觀後感（一）：夢幻現實	80
《澳大利亞》觀後感（二）：大眾化的史詩	82
《澳大利亞》觀後感（三）：向好萊塢致意	85
《澳大利亞》觀後感（四）：文化難以跨越	88
賣書半日記	91
英雄難為	94
續：英雄難為	96

第四部：語言天堂　　　　　　　　　　99

嗝聲處處	101
蒼白、美麗、公平	103
不加蠟的問候	105
木頭的保佑	108

第五部：譯園遊蹤　　　　　　　　　　111

我是一座橋	113
翻譯的校對與編輯	115
尊重和肯定的價位	117
村姑野婦當翻譯	119

關於本書

　　《時間的秘密》這本小書所收錄的，是作者向日葵（筆名）於2010年二月至八月為其部落格「陽光下的聲音」所寫的四十篇文章。每篇文章的結尾都註明了網路的刊載日期，然而它們在這本書中的排列順序卻因為全書文氣順暢的要求而和現實的刊載順序有些微的不同。

　　「陽光下的聲音」部落格：http://blog.ylib.com/sunflower

　　向日葵，1971年出生於中華民國台灣省台北市，現居澳洲墨爾本市，為中英雙語作者、譯者、論者和讀者。

時間的秘密（代序）

　　這篇文章起源於一個我每天必看的兒童節目，主持人有許多位，都是十分傑出而有活力的青年男女。其中有一位名叫賈絲婷的女主持人特別優秀，從當初的單純年輕，到後來的懷孕生子，她始終保持歡樂的面孔，是這個節目令人難忘的特色之一。

　　昨天這個節目重播了幾年前製作的一集，當時賈絲婷已經是懷孕後期了，身材臃腫不說，唱歌跳舞的動作也明顯地緩慢了下來。今天我再看這個節目，發現又是重播的一集，女主持人同樣是賈絲婷，然而卻是好幾年前的她，天真無邪，身材窈窕，活蹦亂跳了整整半小時，動作靈活矯健得很。我一看之下，不禁吃了一驚，儘管我可以理解這只是節目播送程序方面的巧合，感覺起來卻是這一天之內的轉變實在也太大了，彷彿真的有青春之泉這回事。

　　我一直對文學中的時間很感興趣，不只是「時間」這個主題如何被作家們在各種作品之中建構和解構，也包括了文學作品的呈現順序對於讀者的影響。最明顯的例子當然是許多作家們的系列作品，例如托爾金 (T.R.R. Tolkien) 的《魔戒三部曲》(The Lord of the Rings)，如果首先讀《王者再臨》(The Return of the King)，再讀《雙城奇謀》(The Two Towers)，最後才讀《魔戒現身》(The Fellowship of the Ring)，則讀者對於整套作品的理解程度會受到什麼影響？

　　又比方說 C.S. 路易斯 (C.S. Lewis) 的《納尼亞傳奇》(The Chronicles of Narnia) 一套共七冊作品，〈獅子，女巫，魔衣櫥〉(The Lion, the Witch and the Wardrobe) 和〈賈思潘王子〉(Prince Caspian: The Return to Narnia) 是作者最早寫成及出版的兩部作品，也最為人知，在整個系列中的時間排列順序卻是第二部和第四部。如果讀者在讀完這兩部之後才讀其他的五冊，則和規規矩矩地從第一冊讀到第七冊比較起來，對於整套作品的喜愛和理解程度會不會有所改變？

再比方說《哈利波特》系列，可不可以先讀天狼星布萊克 (Sirius Black) 在《鳳凰會的密令》(Harry Potter and the Order of the Phoenix) 裡的死亡，再讀他在《阿茲卡班的逃犯》(Harry Potter and the Prisoner of Azkaban) 裡的現身？

又如《暮光之城》系列，讀者可否先感動於芮妮思蜜 (Renesmee) 在《破曉》(Breaking Dawn)中的誕生，再去理解貝拉和愛德華在《暮光之城》(Twilight) 中的結識和戀愛？

更不用說是今年最流行的《波西傑克森》系列 (Percy Jackson and the Olympians) 了，我們可不可以先讀第五冊的《終極天神》(The Last Olympian)，再讀第三冊的《泰坦魔咒》(The Titan's Curse) 和第四冊的《迷宮戰場》(The Battle of the Labyrinth)，再讀第二冊的《妖魔之海》(The Sea of Monsters)，最後才讀第一冊的《神火之賊》(The Lightning Thief)？這樣把順序顛倒，會不會弄得天下大亂？

以上是比較典型的例子，可能的答案也是極有趣味的。然而另外有些例子，是某些作家們習慣在作品中一再引用先前在其他作品裡已經描述過的主角和情節，或是在出版某些作品之後再回頭來交代書中人物的身分背景。比方說湯瑪斯‧哈里斯 (Thomas Harris) 在寫完《紅龍》(Red Dragon)、《沉默的羔羊》(The Silence of the Lambs) 和《人魔》(Hannibal) 三部曲的七年之後，突然又冒出來一本《人魔崛起》(Hannibal Rising)，頗有畫蛇添足之感。

還有恐怖小說大師史蒂芬‧金 (Stephen King) 的許多作品情節往往都環繞著某個虛構的地點或主角，以至於讀者如果不廣泛涉獵他的作品，在讀到某些段落的時候便有捉摸不清的感受。

這都是作品的時間性給讀者的考驗，也是現代讀者面臨的挑戰。也許單純地閱讀一位作家的一本書已經不夠了，因為作家多產，自我在創造出來的世界和人事物中吟哦流連許久，所以讀者也被迫廣泛涉獵一位作家的全部作品，或是發揮過同樣一個主題的所有作家，才能自我構建出一份合情合理的地圖，不會在文學的世界裡迷失。當讀者，真難呀！

《時間的秘密》

——原載於 2010 年二月二十五日

《時間的秘密》

《時間的秘密》

第一部：手寫心思

《時間的秘密》

在網路上看到的一樁差事

像我這樣的自由文字工作者,平日謀生的方式是在國內外幾個固定的「人力銀行」網站尋找合適的差事,寫電子郵件並附上履歷表去應徵。如果獲得錄取,便可以為客戶進行寫作或翻譯的計畫,酬勞以每字一定額度的美金計算。

由於是透過網路,客戶可能來自全世界的每一個角落,往往在計畫進行期間或前後和客戶通了不知道多少封電子郵件,最後的酬勞也順利透過網路轉帳而拿到,而從頭到尾連客戶的一面都沒有見到,除了名字和電子郵件地址之外,對客戶的其他一切毫不知情。這樣的合作關係只是建立在陌生人彼此之間的互信之上,客戶願意付錢,我就盡力做好自己的工作。我不會故意敷衍了事,客戶到最後也不會耍賴不給錢。

有時候因為實在忙不過來,或是興趣不合,並不是在網路上看到的所有寫作或翻譯差事都會去應徵。有時候看到一樁差事實在很有趣或很有意義,但是憑經驗便可知道自己最好不要去應徵,因為如果不是自己資格不符,就是沒有客戶要求的專長或技能,再不然就是如果被錄取,對這個計畫投入的心血和時間將會太多,對自己已經夠忙碌的生活也會造成太大的影響。

儘管如此,每看到一樁好差事,心裡還是希望自己有能力去為客戶服務。就算不去應徵,有時候還是會想寫電子郵件去給客戶建言,或單純地祝他們好運。我想,這大概算是一種來自陌生人的祝福吧!

今天晚上在網路上看到一樁差事,突然之間感觸很多。以下是這位客戶對於計畫內容的介紹:

「我已經考慮了好多年,是否應該寫一本書來回憶我的姐姐,她於1974年被綁架而謀殺,當時她才二十二歲,我十八歲。這件事情發生於喬治亞州的一個小鎮。

「在她失蹤十天之後,警方逮捕了一個開著她的車的男人,但是我

們足足等了兩個月，這個人坐在牢裡，總是不肯告訴警方我姐姐的下落。這個人是一個職業罪犯，從十五歲起便出入過監牢許多次，被逮捕的時候正在假釋當中。後來他終於帶領警方在樹林裡找到我姐姐的屍體。

「我家在喬治亞州的這個小鎮上經營有年，很有名望，這件慘案震動了整個小鎮。即使在今天，我回到老家去的時候，如果碰到一些老朋友，尤其是我姐姐的老朋友，大家對她的死去還是感到很痛心。

「我一直覺得自己可以寫一本書來回憶我姐姐，想像她當時所經歷過的慘事，也記錄這件事對我們全家人的影響。1974年還沒有建立制度來記錄犯罪事件受害者所受到的各種心靈或肉體打擊，因此我知道這本書的寫作會牽涉到相當多的歷史研究。

「我很願意進行這方面的工作。希望有人可以和我連絡，告訴我該怎麼進行這個寫書的計畫。謝謝。」

我想這個人要求的只是寫作方面的指導建議，而不是想找個人來幫他寫書。儘管如此，我還是被這個人的故事感動了。從1974年至今已有三十五年，這個人和他的家人生活恢復正常了嗎？還是他們依然每天感到悲痛？他們當時受到的打擊是如何殘忍而巨大，也許這個人希望透過寫書的過程而能終於得到心靈的解放？這就像是想要徹底治癒傷口，必須先把傷口附近已經潰爛的死肉割除一樣，過程中感到的痛楚可能比當初受傷時還要刻骨銘心，但是又不得不去做，否則傷口一輩子也好不了。

我想像全世界不知道有多少個像我這樣的自由文字工作者，坐在家中的電腦前面，看到這椿差事，心中不知道有什麼感受。這椿差事必定會有人應徵，而被錄取的人是否能盡心盡力地幫助這個人完成他寫書的願望？在這過程中，凡有心的人都會震動於所有關於這件慘事的記錄和回憶吧？也許這個人的重擔也因為有了分擔而減輕幾許？這個寫書的計畫，旁人又應該如何協助呢？難道只是進行編輯和修正文法修辭就可以了嗎？還是要真切地投入自己的感情，以協助作者激發並記錄自己的感情？這是一椿如何困難的差事啊！

《時間的秘密》

　　很想寫封電子郵件到這個網站，祝福作者和所有想應徵的人，然而我最後還是打消了這個念頭，只是在心裡默默地祝願，希望這個人的心靈在寫作計畫過程中得到解脫，最後也終於能從痛苦的回憶中釋放出來。也希望不知道在世界的哪一個角落能有個真正有心的人願意出面幫助這個人，透過文字的力量淨化全人類的靈魂。

——原載於 2010 年二月七日

仙境之後的愛麗絲

今晚在網路上閒晃，不經意地發現《我是愛麗絲》(Alice I Have Been) 這本歷史小說，由美國作家梅蘭妮‧班傑明 (Melanie Benjamin) 於今年一月出版，算是相當新的書了。近幾個月以來，《愛麗絲夢遊仙境》(Alice's Adventures in Wonderland) 這本經典作品又開始受到全世界讀者的注意。我個人不是很喜歡這本書，原著也有些聱牙，卻不知道愛麗絲原來真有其人，在這本書出版前後也活過一個璀璨的人生。

這謎般女孩的全名是愛麗絲‧普蕾森斯‧利德爾 (Alice Pleasance Liddell)，出生於 1852 年，父親是英國牛津基督學院的院長，她有兩個哥哥和一個姐姐，還有六個弟弟妹妹。這一大家人和當時在牛津研究攝影的查爾斯‧路德維奇‧道奇森 (Charles Lutwidge Dodgson) 熟識，經常一起出遊。這道奇森不是別人，其筆名就是路易斯‧卡羅爾 (Lewis Carroll)。據說愛麗絲還是個小女孩的時候，經常纏著道奇森說各式各樣的故事，因此一般論者都以為《愛麗絲夢遊仙境》這本書的靈感來源就是愛麗絲。

《我是愛麗絲》的作者班傑明在一次訪問中說，許多因為各種家喻戶曉的童話故事而成名的孩子，在長大的過程中多少都會受到這種名聲的影響，他們背負著讀者想像的壓力，原本平凡無奇的生活也因而徹底改變。像創造彼得‧潘 (Peter Pan) 這個著名童話人物的詹姆斯‧馬修‧貝瑞 (James Matthew Barrie)，從自己的兒子們身上找到了故事中許多位小男孩的身影，沒想到一個兒子後來自殺身亡，另一個兒子的死因也很離奇。還有創造小熊維尼 (Winnie the Pooh) 這個可愛角色的艾倫‧亞歷山大‧米恩 (Alan Alexander Milne)，在自己的兒子身上發現了克里斯多佛‧羅賓 (Christopher Robin) 這個小男孩的創作靈感，沒想到兒子長大之後竟然和父親決裂，認為自己的童年時光已經被父親的創作徹底剝削掉了。

《時間的秘密》

　　那麼，在《愛麗絲夢遊仙境》這本書於 1865 年出版之後，愛麗絲的生活究竟過得如何？班傑明透過一次偶爾的機遇，在芝加哥看到了道奇森當年拍的一系列黑白相片，其中有一張便是愛麗絲七歲時打扮成乞兒的模樣，像個大人一樣嚴肅地望向鏡頭，因而產生了把愛麗絲的一生寫成故事的念頭。

　　愛麗絲年輕的時候遍遊歐洲，聽說引起當時維多利亞女王的幼子、愛好文藝的利奧波德王子（Prince Leopold，也就是後來的奧爾巴尼公爵 Duke of Albany）的愛戀，歷史上卻沒有多少證據。她在二十八歲的時候結了婚，生了三個兒子，其中兩個在第一次世界大戰中陣亡，另一個則幸運地從前線歸來。

　　愛麗絲的丈夫很富有，但是在他去世之後，為了維持家計，愛麗絲只好把當初道奇森為她而寫的《愛麗絲夢遊仙境》的手稿賣掉。這份手稿於 1932 年為了紀念道奇森的百年誕辰而在哥倫比亞大學展出時，愛麗絲也有到場，當時她已經八十歲了，回首往事，現實和童話交錯，不知道心中有些什麼樣的感觸？

　　班傑明在訪問中說，她寫作《我是愛麗絲》這本書之前並沒有研究過歷史小說的寫作，因此能脫離俗套，完全以嶄新的視野來想像愛麗絲的生命：她如何和兄弟姐妹們相處，如何和道奇森建立深厚的友誼，如何（可能）在英國最輝煌的維多利亞時期贏得女皇幼子的青睞，如何決定結婚生子、安頓下來，如何看著自己親手撫養長大的三個兒子遠赴戰場，痛哭於其中兩個的慘亡，因而萬分慶幸於最後一個兒子的生還，從此幾乎是充滿嫉妒性地對他愛護備至，還有她的一生如何努力想要脫離《愛麗絲夢遊仙境》這本書中的那個小女孩的身影，到年老時卻也能看開，再度和這本書團聚。

　　班傑明在書中花了相當篇幅，描述愛麗絲和年長她三歲的姐姐蘿瑞娜以及小她兩歲的妹妹伊迪絲之間的感情，三姐妹一起出遊、玩耍、讀書、成長，分享過不知道多少心事，可想而知的也有過糾紛摩擦。有趣的是，三姐妹一向都是道奇森的攝影對象，有一張著名的相片是愛麗絲和姐姐蘿瑞娜穿著中國清朝的服裝照的，當時愛麗絲才七歲，跪坐在一

《時間的秘密》

張大椅子上挑釁地看著鏡頭，姐姐蘿瑞娜則若有所思地斜靠著椅子，目光不知道落在哪裡，兩人身後是一大幅中國紙傘，充分展現了1859年英國人對於中國充滿憧憬和好奇的想像。愛麗絲穿越鏡頭的眼神，如今也望進了讀者的心裡。

　　我透過網路這個現代通訊技術而探知了愛麗絲的一生，也仔細想像了班傑明在寫作過程中如何想像愛麗絲的一生。然而很有諷刺性、也令我印象最深刻的，還是班傑明在訪問結尾的一段話，也是她給那些有志創作的人的忠告：

　　「張開你的眼睛：走出你的房子！我想，作家們經常把自己困住；他們花時間保持孤單，只把全副注意力集中在一件事上：一個故事，一本小說，一個概念；然後全力以赴。有些作家花了好多年的時間，只為了完成一個計畫。我也曾經差一點被自己困住；然而我搭上火車，去了芝加哥，隨興走進一個攝影展，從此改變了我身為作家的一生。作家確實需要體驗生活，還有藝術，還要保持自己的心靈、還有雙眼，向每一個可能敞開。我們不能總是把自己鎖在電腦前面。」

——原載於 2010 年七月二日

《時間的秘密》

獵豹和河馬

「獵豹 (cheetah) 是一種哺乳動物。牠有溫暖的血。牠跑得很快，可以追趕獵物，躲開追捕牠的人。」

我站在一所澳洲國小的教室外面，欣賞一群學前班的小孩（約相當於台灣的大班）精心製作的美勞成品。這個小型展覽的主題是動物棲息地，每個小孩都用紙盒做了一個棲息地給自己的動物住。我面前的這個紙盒標明了是給獵豹住的，紅藍黃綠色的玻璃紙扭扭捏捏地貼得到處都是，冰棒棍子橫七豎八地黏在紙盒裡，算是樹木，樹下有個鋁箔包長了四條冰棒棍子的腿，大概就是獵豹了。紙盒底貼了一塊藍色的紙，還有綠色的圓點貼紙。紙盒外面用色筆塗得鮮豔無比，可見這小孩的用心。一旁的老師驕傲地走過來，告訴我，每個小孩都為自己的動物寫了一篇介紹文字，上面引的這句話，就是這個製作獵豹棲息地的小孩寫的。

我瞇著眼繼續讀：「我的獵豹棲息地裡有很大的水池給獵豹喝。還有綠草給獵豹吃。還有一些水牛給牠吃。還有綠樹給牠躲，讓牠爬。」

我不太確定自己對動物的知識是否正確，但是獵豹應該不吃草吧？

我腦中突然出現這小孩在描述自己的美勞作品時的模樣：他或她歪著頭，拼命想把自己記憶中關於獵豹的各種蛛絲馬跡用語言文字表達出來，即使他或她根本還不會寫這些字，也把相關的字詞都發錯了音，他或她眼中還是有那種屬於小孩特有的光芒，雙手興奮地揮舞，聲音也大了起來，然後把好不容易完成的美勞作品驕傲地捧去給老師看，贏得一聲熱切的讚美，再在老師的協助之下小心地把作品捧到走廊上去陳列，把自己對於棲息地的介紹文字用力拿圖釘固定在牆上，有些歪歪斜斜的。

我衷心希望這小孩的父親或母親來學校，看到這個漂亮的美勞作品時不會針對獵豹不吃草的問題提出糾正。小孩將來長大了，自然就會知道真相，為什麼現在要把他或她天真單純的想像力用正確的常識規範起

來?

　　我想起自己一向很喜歡的一本童書:《我們家的屋頂上有一隻河馬在吃蛋糕》(There's a Hippopotamus on Our Roof Eating Cake)。書中的小女孩家的屋頂破了一個洞,一天到晚漏水,父母愁眉苦臉,她卻以為這是因為屋頂上有一隻河馬在吃蛋糕。「媽咪問我,河馬吃的是什麼蛋糕。是生日蛋糕嗎?不是!是巧克力蛋糕嗎?不是!是一種特別的蛋糕嗎?對!我們家的屋頂上有一隻河馬在吃特別的蛋糕。」

　　小女孩的生活並不總是順利無波。「昨天我摔跤,跌到膝蓋,好痛,流了好多血。醫院裡的醫生在我膝蓋上縫了三針。我哭了。昨天晚上,河馬對我說,他的膝蓋也在痛。我們家的屋頂上有一隻河馬,膝蓋上綁了繃帶。」

　　小女孩討厭被爸爸媽媽管。「我們家的屋頂上有一隻河馬在看電視。他很大,可以愛做什麼就做什麼。媽咪不讓我看電視。吃完晚飯、唸完故事書以後,我就得上床睡覺。我的河馬在看。我知道的。我們家的屋頂上有一隻河馬在看電視。」

　　小女孩有時候也會喪氣難過。「今天我很頑皮。我在爸爸最好的書上畫圖。爸爸對我兇。在這裡,沒有人是我的朋友。我的河馬住在屋頂上。他是我的朋友。我知道的。他一點也不兇。沒人敢對他兇。他太大了。他可以愛怎麼畫就怎麼畫。我們家的屋頂上有一隻河馬在用蠟筆畫圖。」

　　小女孩懂得可多了。「他昨天晚上不在屋頂上。我知道為什麼。他有告訴我。他去上班了。我的河馬有時候會到動物園去上班。人們去動物園看動物。他在動物園裡看人。我的河馬不上班的時候,就在我們家的屋頂上吃蛋糕。」

　　小女孩的父母親最後終於請人來把屋頂修好了,房子不再漏水,可是小女孩知道,她的河馬晚上還是會到屋頂上來吃蛋糕的。

　　我感謝小女孩的父母親沒有把她痛打一頓,叫她不要胡言亂語,漏水就是漏水,屋頂上哪裡會有河馬?我感謝這本童書的作者把小女孩的童言童語表現得這麼週到,讓所有每天胡思亂想、胡說八道、乃至於危

《時間的秘密》

言聳聽的小孩們都有了一個發言的機會和權利。我感謝好友把這本書介紹給我，讓我知道作家的創造力和想像力確實可以從小開始培養——只要父母和老師們不急著在孩子們剛萌芽的時候就把他們的天賦扼殺掉。

——原載於 2010 年七月十一日

作家的行李

昨天去機場接親戚，站在入境大廳的四個出口外面，探頭探腦地張望每一個拖拉著大包小包行李的旅客出來，希望親戚能早些現身，免得停車費暴漲。好幾班飛機都在差不多的時間落地，過海關、查證照、等行李、搶推車的旅客因此也特別多，再加上如我一類心焦地接機的廣大人群，整個大廳看起來混亂異常，卻也莫可奈何。

我僥倖在直接面對出口的圍欄旁邊找到一個位子，張開兩隻手肘，維護自己的一席之地，免得被別人擠到無法呼吸。每個人臉上都是興奮的期待，明明是自己等著迎接親友回到故鄉，卻也有少數夢想自己遠走異鄉的躍躍欲試。我無所事事，除了看錶之外，不免也四處亂瞄，這裡注意一下女士們的時裝潮流，那裡看看男士們手中新科技消費產品的發展，以為自娛。

看了好一會，我的目光轉移到新近抵達的旅客身上，他們推車上堆積得搖搖欲墜的行李，手裡拖著、拉著、抱著或拎著的小孩，把所有東西丟給先生而自己忙著補妝的太太們，西裝畢挺而神氣活現的生意人，衣著輕便而身手矯健的各色年輕旅人，還有方向感貧乏卻又等不及和兒女團聚的老年人。我對行李特別感興趣：有沒有辦法只憑每一位旅客的行李而判斷他們是從哪裡歸來，旅行的目的又是什麼？單身旅客不見得就輕車簡從，一大家子旅行的人也不見得就需要滿坑滿谷的行李。許多行李箱已經年老力衰，上面滿滿都是來自各國海關的貼紙，有的人只在肩上斜掛一個小袋子，慎而重之地護衛著，裡面是不是放了一本好書？幾個半大不小的孩子努力操作著笨重到極點的行李推車，是不是也在夢想自己成為一家之主的滋味？

又等一陣子，才看見親戚的兩個大行李箱姍姍來遲，因為接送的次數多了，一看到它們就知道親戚已經大駕光臨，終於可以打道回府了。機場的行李推車設計畢竟不凡：人在後面推，前面的行李可以堆得像座

小山一樣，偶爾上面還驚險萬分地平衡著一兩個小孩，是馬戲團的崇拜者。前來接機的人找來找去，還沒有看到自己期待的人，先驚異於需要幫忙運送的行李體積和數量，立即開始擔心後車廂究竟裝不裝得下，這次親戚又要待上幾個月，自己生活的條理和隱私到底會被擾亂多久。又或許，只有我是疑心特重的小氣鬼，寧願追求一個人的孤獨，別人卻都歡歡喜喜地迎接親朋好友，寧願一輩子再也不和他們分別？

我看著親戚的行李箱，心中想起過去多次接送它們的經過，它們的外貌確實也反映出親戚的個性和旅行習慣：所有能塞東西的地方都擠得齜牙裂嘴，任何一點可用空間都捨不得浪費，幾個破綻的地方打了無數補釘，滑輪修了好多次，把手部位繫了一個可能是世界上最大也最顯著的名牌，整個行李箱還仔細小心地用透明膠帶纏繞了好多圈，密封得像個透明而永世不得超生的木乃伊，以防有心人塞入毒品走私。所謂「睹物思人」，勉強可以拿來形容，這樣與眾不同的行李箱，果真襯托出不好應付的親戚人格。

我想，有些作家也是這樣，在他們的作品中總是可以看到一些行李箱的影子，隨著他們創作的旅程而四處遷徙，跟著他們暢遊古今中外各種文類，甩也甩不掉。有人形容這所謂的「行李」是作家的特殊習慣、怪癖、包袱、累贅，也有人以為這是作家的特色，就像簽名一樣自成一家，看見這樣的作品就知道是這個或那個作家，想作弊打混都很難。

舉例來說，在海明威 (Ernest Hemingway) 的作品裡找不到無謂的形容詞或副詞，語言精簡到字字珠璣的地步，完全沒有一個字句浪費。王文興的作品也是推敲再三的成果，據說他一天就只寫三千字，苦心竭慮，勞神瀝血，於是成為傑作。史蒂芬・金 (Stephen King) 在每一部作品開頭的時候都會交代一大堆主角的背景，有時候深入淺出到令人厭煩的地步，對於閱讀整本書的興趣也減弱了。詩人余光中的散文讀來就像他的詩，想像力跳躍閃爍到令人匪夷所思的地步，非得一字一詞慢慢斟酌不可。

從另外一個角度來看，有些作家在寫某些字詞時一定會犯錯，編輯們於是有得忙，非出大力改正而保持作家完美無缺的形象不可。記得在

《時間的秘密》

哪裡讀到，有位作家每次一定會把「冰箱」(refrigerator) 這個字拼錯，每個出版社的編輯都知道他這個習慣；我自己在寫英文的時候也總是拼不好「住宿」(accommodation) 這個字，有時候打字太快還會把自己的名字拼錯。現代的文書處理軟體可以在這方面的改善略做協助，但是真正要努力改進自己的還是作家，就像那笨重的行李推車還是要自己來處理不可。

　　哎，自己的親戚，還有那兩個大行李箱，也還是得由自己來接回家奉養囉！

——原載於 2010 年四月五日

《時間的秘密》

文字工作者的社會責任

　　這篇文章本來想題名「作家的社會責任」，轉念一想，並不是每個經常寫作的人都有資格被稱為作家，有些想要自我抬舉的人其實只是坐井觀天的青蛙一隻。像我，每天寫些有的沒有的東西，以文字維生，充其量只能算是一個「寫手」，根本稱不上「作家」。

　　想寫這篇文章，主要原因是最近在網路上和人打筆戰，在唇槍舌劍、各執一詞、你來我往、暢快淋漓之餘，我偶爾也會猜想自己在其他網路使用者眼中究竟是個什麼樣的人。寫幾千個字容易，更重要的問題卻是：讀者在我的文字中看到的，到底是個什麼樣的人？

　　我自己對於文字的使用是相當認真的，如果是要公開的文字，不管媒介如何（網路、報紙、雜誌、書籍、甚至是日常生活中發出的每一封電子郵件），下筆時總是審慎的，檢查多次以避免錯字，斟酌再三以避免字詞的重覆使用，拒絕任何情緒化或煽動性的文句、標點或文法，凡事講究理直氣和，不可對他人造成無謂的干擾。

　　儘管如此，有時候看到實在令人憤怒的話題，自己的情緒無法控制，在動筆時多少也會為了一時的暢快宣洩而忍不住「下重手」。更有時候，無論如何苦口婆心再三辯說道理，對方總是不領情，反而張牙舞爪地進行人身攻擊，完全沒有理智可言。在這樣的情況下，我一氣起來，在動筆的時候就想來個「當頭棒喝」，或是拿個布萊思・寇特尼 (Bryce Courtenay) 的「家傳大煎鍋」(The Family Frying Pan)，非把對方打醒不可。

　　然後我就開始自問：我這樣能言善道，寫起字來就像吃飯穿衣那樣簡單，動不動就長篇大論，把腦中的思緒情感化為文字，以千軍萬馬之勢傾巢而出。像我這樣舞文弄墨，對社會到底有沒有貢獻？我打筆戰的用意雖然出於理性，一旦披上了征衣，又怎麼確定自己能完全避免情緒的影響？我到底是個對社會有用的人，還是只會耍一張嘴皮子的無賴？

《時間的秘密》

　　這樣一種思路循環每個月總要重覆好多遍。有時候我覺得自己正義凜然，威不可當，是宇宙的中流砥柱，就算天塌下來也有我頂著。有時候，我卻以為自己只是個遊手好閒的混蛋，就算天真的塌了下來，又關我什麼事？犯得著去那樣嘔心瀝血地寫作嗎？

　　也許文字工作者的責任便是不斷自我檢討，同時把相關的心得教訓和讀者分享。也許像我這種人所能貢獻給社會的，就是一種思考、精進、辯論、堅持的原則，凡事都要講理，要有確切的證據，要分析明確而言簡意賅，要在集中火力猛攻的時候不忘記尊重對方提出反擊的權利，要有做人的基本禮貌，要對自己的言論負責。

　　最重要的是，在知道自己犯錯的時候，要勇於承認錯誤而道歉。在明白對方其實比自己更有理的時候，要能虛心學習，誠懇受教。在筆戰應該結束的時候，要知道適可而止，不要像老太婆的纏腳布一樣又臭又長，不要為了滿足自己的虛榮心而夢想把對方趕盡殺絕。

　　我認為，這就是文字工作者的社會責任，透過文字而表現出一種為人的風骨和胸襟，一種秉持理性而又不失感性的情操。正因為讀者往往只能在想像中和作者對話，寫文字的人才更應該注意自己的一言一行，以免損傷或誤導人心。特別是在網路上，寫文字的人往往多享有一層代號的保護網，一舉一動都要格外誠懇實在，才能給所有的網路使用者一個榜樣。

　　文字工作者應該知道自己的力量，以及自己的文字可以對他人造成多大的正面影響或負面打擊。一旦擁有了這絕對的權力，我們所要隨時小心注意的，便是避免自己絕對的腐化。

——原載於 2010 年四月十五日

《時間的秘密》

作家,加油!

昨天接到尼可拉斯・伊凡斯 (Nicholas Evans) 的電子郵件,著實嚇了一大跳。我在兩個多月以前瀏覽了他的網站,提出了一些建言,沒想到事隔這麼久,他居然有空且有意願回覆,頗令我受寵若驚。

你也許要問,這伊凡斯是何許人也?其實他也不是什麼世界偉人或民族救星,只不過他的處女作《馬語者》(The Horse Whisperer,1995年出版)是全世界有史以來最暢銷的小說之一,至今已經售出一千五百萬冊,被翻譯成三十六種語言。這本書於 1998 年被演技派明星勞勃・瑞福 (Robert Redford) 改編成同名電影,並親自飾演男主角,女主角則是主演《四個婚禮和一個葬禮》(Four Weddings and a Funeral)、《英倫情人》(The English Patient) 等經典電影的克麗絲汀・史考特・湯瑪斯 (Kristin Scott Thomas)。

《馬語者》在台灣出版中譯本的時候用了個荒唐透頂的名字:「輕聲細語」,完全失去了對書中那位深沉寡言的馴馬人的尊敬,也把這本書的價值毀於一旦。我是在後來查資料時才發現這個可怕的譯名,不禁覺得當初不管是誰想出來的這個書名,都應該羞愧地去撞牆才是。我自己在閱讀《馬語者》的時候受到了相當大的感動,書中對於女主角情感起伏的描寫細膩、尖銳而大膽,直逼張愛玲,看了令人震驚。我一向知道作家在第一本書中的才氣必定狂放不羈,其不免生疏的技巧總是難以遮蔽那股如刀一般的鋒利筆調,但是伊凡斯寫作《馬語者》的技巧是相當成熟的,文字在轉折之間也有瀟灑自如的控制,可見這雖然是他的第一本書,他卻不是一個初出茅廬的作家。

後來我讀到伊凡斯的第二本書《狼圈》(The Loop),場景雖然也設在美國大西部,整本書讀起來卻沒有《馬語者》那樣光彩奪目到了震攝人心的地步。其實這也是正常的,作家在一個高峰之後很難再起,最多能維持同樣的水平而已,但是我一邊讀《狼圈》這本書,一邊卻開始有了

疑惑。伊凡斯是在英國出生長大的作家，在從事專職寫作以前曾經擔任過新聞記者、電視和電影劇本創作、以及電影製片等職務，雖然經常到美國旅行、工作，顯然也對美國西部的歷史人文做過相當的研究，但是他這兩本書中那種對於大西部的深度敘寫和關懷，卻不是短時間的研究和遊覽所能迅速產生的。這就像是沒有在台灣長久住過的人，實在很難體會台灣社會那種看起來迅捷百變、五光十色、而事實上卻深刻而獨特的生命力一樣。

令我感到好奇的是，一個沒有在某一片土地上成長、茁壯、成功也失敗過的作家，如何能持續地以這片土地上的歷史人文、風土民情為書中主角，用獨到的眼光來加以闡述、詮釋，進而寫出足以震撼人心的作品？伊凡斯在《馬語者》之後的作品，包括《狼圈》、《躍煙者》(The Smoke Jumper)、《分界》(The Divide) 以及今年年底即將出版的《勇者》(The Brave)，都是以美國大西部為主要場景。長久生活在英國的他如何能保持對這塊遙遠大地的熱情眷戀和深刻體驗？沒有真正在一塊土地上經歷過血汗生活，真的可以用文字表現出這塊土地的骨肉靈魂嗎？

我很想向伊凡斯請教這個問題，但是在瀏覽了他的個人網站、並上網查了一堆相關資料以後，我發現他當時處在一個不應該被打擾的階段（詳情如下），便打消這個念頭，只是透過他的網站簡短地留了言，陳述了我對《狼圈》這本書的一些看法。更重要的是，我在伊凡斯的網站上，似乎已經得到了一些答案。

伊凡斯在網站上對其他有志寫作的人提出忠告：「讀書，多讀，讀得再多一點。然後，當你認為自己已經讀得夠多，大概已經知道如何寫作的時候，就去找一個讓你感動的故事，從內心深處把它表現出來。不要試著模仿任何人的體裁風格，也不要考慮讀者，只要為你自己而寫。讓你自己成為作品中的各個主角，住在他們心裡；不要為了適應故事而改變你的主角；只要寫出對他們來說是真實的事物。還要記得一點：如果你一開始就想找出一種寫出成功作品的模式，那你必定會失敗。世界上根本就沒有模式這種東西。但是如果你筆下寫出來的東西能感動你，讓你震撼，那麼它可能也有這個機會去感動和震撼別人。」

《時間的秘密》

　　伊凡斯又說，他在開始創作一個故事以前多半已經知道它的開頭、重要情節和結尾，「但是這些東西都會演化和改變。做研究是絕對必要，在那期間，故事的大綱會在我腦中成形。真正開始寫作有點像是和一些你不怎麼熟悉的人一起到一個你從來沒有去過的地方健行。你在出發之前總得研究地圖，然後你開車到那裡，穿上靴子，背上裝了研究成果的包包，朝著小徑走去。」

　　「剛開始，和你一起健行的那些主角人物們都只會是一群影子；也許你只知道關於他們的一兩件關鍵事項。你開始健行以後，就開始問自己關於這些人的各種問題。她是在哪裡出生的？他和父親之間的關係如何？她有上大學嗎？她能接球、航海、說法文嗎？他第一個愛上的人是誰？你回答著這些問題，這些影子也逐漸真實而定型起來，再走上幾英里，你慢慢地就會知道這些人是誰了。」

　　「你在觀望自己走過的這片土地時，可能會改變原先的打算而走上另一條小徑。你的方向沒有改變，但是你原本打算穿過森林，現在卻可能決定要下行到河流旁，或是在瀑布旁邊多露營一天。你的主角人物有時候也會影響你心意的改變。」

　　我很信服伊凡斯的忠告。事實上，我在剛開始寫這篇文章時想下的標題是「作家的瀕死經驗」，因為伊凡斯在寫電子郵件給我的時候還在進行洗腎程序。2008 年九月，伊凡斯和家人在度假旅行的時候誤食了有毒的蕈類，他雖然大難不死，卻喪失了腎臟的功能，至今每兩天就得把自己掛在洗腎機上足足五個小時，直到終於有合適的腎臟可以移植為止。我想像這其間的肉體和精神折磨必定相當痛苦，然而伊凡斯居然熬了過來，還完成了他的第五本小說《勇者》。他在電子郵件裡說，這本書即將在今年九月出版，到時候他得帶著洗腎儀器一起去巡迴宣傳，行程包括英國、美國、義大利和荷蘭。我想，也許只有創作和出版可以安慰、振奮、甚至延續一位認真的作家的生命吧！

　　伊凡斯是我所知道的第三位有瀕死經驗的作家，第一位是澳洲著名的藝術評論和作家羅伯特・修斯 (Robert Hughes)，第二位則是美國恐怖小說作家史蒂芬・金 (Stephen King)。我本來想在這篇文章中簡單地探

《時間的秘密》

討一下這些作家和死亡擦身而過的經驗，以及這種經驗對他們的創作生命有著如何深刻長遠的影響，結果寫著寫著，這篇文章就變成了創作的主題，而不再是單純的評論了。所有想創作或正在創作的人都一起加油吧！生命是美好而必須珍惜的，更值得用文字來詠讚。

——原載於 2010 年七月四日

筆名的迷思

最近在看理察‧巴克曼 (Richard Bachman) 的作品，一本書裡收錄了四個中篇小說，都是相當精彩的故事。我一面看，一面覺得作家的風格果然是改變不來的，因為巴克曼只是個筆名，作家真正的名字卻轟動到一說出來就會令人產生既定印象、乃至於俗套偏見。（知道的人請不要說出來啊！）既然作家有意用筆名寫作，讀者和論者多少也應該有雅量接受，並且試著探討作家寧可用另外一種身分出現在文壇的原因。大家一起來玩遊戲，可過癮呢！

作家當年決定使用筆名的時候，曾經提到，主要的動機在於探討一個作家的成功「究竟是出於運氣還是天賦」(luck or talent) 的問題。我想，這個問題大概只有已經出名而成功的作家才會問吧，如果是名不見經傳的作家，應該都還在起早爬黑地努力不懈，誰會有那份閒情逸致坐在那裡等好運從天上降臨呢？英文有句俗話說「試了才知道」(You never know until you give it a go)。如果連筆都懶得拿（或是連電腦都懶得打開），又怎麼能期望自己寫出傑出的作品而引起別人的注意？

作家早年以筆名出版了五本小說，銷售量雖然沒有像使用真名那樣大鳴大放，卻也還不錯。只不過，他後來被人發現自己竟然是以筆名寫作，尷尬之下，只好把這幾本小說用真名再發表一次，結果銷售量竟然成長了十倍之多！這究竟是運氣還是天賦的影響呢？也許只是人氣？有趣的是，作家在使用筆名出版的時候刻意創造出一個虛假的身分，從教育背景到職業選擇、再到家人朋友，所有細節應有盡有，現在卻要「賜死」這個假身分，也難怪他靈感大發，把這整個經驗又寫成另外一部小說了。

作家一生中寫了相當多的作品，有經驗的讀者都知道他的文筆有些玩世不恭的味道，大量引用流行歌詞和其他文學作品，經常讓書中主角的思緒自由流動（有時候甚至到了干擾閱讀的程度），同時在交代書中

人物背景的時候總是有些絮絮叨叨，囉嗦個沒完。他在用筆名寫作的時候，確實就這幾個方面有所改進，七嘴八舌的份量減少了，筆調顯得犀利而簡潔起來，有時候甚至寫實到殘忍的地步。更重要的是，有心人一眼就可以看出來，作家的風格雖然沒有變，態度卻變得嚴肅起來，下筆也十分謹慎，如果不是題材的關係，也許永遠也不會有人知道這些作品其實是作家寫出來的。

　　我一邊讀這本書，一邊思考許多關於筆名的問題。作家在書中提到自己多產，為了不使自己的作品大量淹沒市場，也能同時推出多餘的作品，才選擇用筆名出版。我想知道的是，讀者和論者對於作品的評價如何受到作家名聲的影響，因此而產生一種拘束的關係，凡是封面上印了這位作家大名的作品都要以相同或類似的方法來加以觀察、評論，對於作家過去、現在和未來的所有作品也會產生既定的期待。作家受到這種限制，多少會有脫離窠臼的欲望吧，如果說創作是為了追尋自由，那麼作家想要另外寫出一片新天新地，也是自然的。

　　以華人世界的幾位著名作家為例，讀者和論者一看到「瓊瑤」這個名字就知道是愛情小說，「倪匡」當然是科幻小說，「金庸」自然是武俠小說，「余秋雨」則是文化評論，「古華」顯然是傷痕文學，「莫言」便是尋根文學了。如果今天這六位作家都決定來個「乾坤大挪移」，紛紛用筆名另起爐灶，瓊瑤寫文化評論，倪匡寫尋根文學，金庸寫傷痕文學，余秋雨寫愛情小說，古華寫科幻小說，莫言則寫武俠小說，那麼華人文壇在出現六位「新生作家」之餘，有多少讀者和論者會認真探討這些作家的風格和筆調，乃至於孜孜不倦地追究他們究竟是誰呢？如果這些「新生作家」嶄新的作品是傑出的，則讀者和論者有必要找出他們真實的身分嗎？如果這些作品只是普普通通，不值一提，是不是就更沒有必要去知道這些「新生作家」是誰？

　　另一個相關的問題是，作家想要追求的目標究竟是什麼，對於自己的成就（或缺乏成就）有些什麼警惕和激勵，又想從讀者和論者那裡得到些什麼。如果說創作出版需要某種程度的虛榮心，作家不滿足於欣賞自己的作品而夢想著和全世界分享，則筆名的使用是否代表不同的心

態,一種作品便是一種新的風格,因此也需要一個截然不同的筆名?如果說作家是虛假的,不能坦然接受並肯定自己的成就(或缺乏成就),則筆名的使用是不是一種逃避,就算讀者和論者在看了作品之後把作者罵得狗血淋頭,終究也怪罪不到自己的身上?如果說作家是誠實而童叟無欺的,則筆名的使用究竟有沒有意義?作家願意把自己暴露在讀者和論者面前到什麼程度?創作這種赤裸裸展現內心思想感情的過程,難道還不夠嗎?

也許筆名就像一副面具,彷彿歌劇院裡面著名的魅影一樣,作家一方面驕傲於自己的成就而急於找尋知音,一方面又因為某種原因而不願意以真面目示人。這原因,可以是自慚形穢(就算我寫得再爛也沒有人知道是我),可以是自我否定(就算我寫得再好也請不要算在我頭上),可以是自我挑戰(我能不能另外創造出一個自己),也可以是對於讀者和論者的挑釁(他們有沒有可能知道這其實是我)。不管原因是什麼,作家都是在和讀者及論者玩「老鷹捉小雞」的遊戲,只不過作家不是那嘻笑著四散奔逃的小雞,而是虎視眈眈的老鷹。作家的野心是不是想擺弄讀者和論者於股掌之上?

回頭再來說巴克曼,作家用這個筆名創作的小說至今為止都沒有在台灣翻譯出版,儘管他以真名發表的作品在本地多年以來一直是大大有名。我一面讀他的書,一面想:透過翻譯的角度,作家相同的風格和迥異的筆調在轉換成中文之後,又會產生什麼樣的改變?也許作家的中文譯名也是一種筆名,畢竟中文讀者認識的作家和其作品的中文版本,和作家在英語世界中的表現廣度與深度顯然有相當大的不同。多了語言這一層隔閡(也許還要加上翻譯的功力差異),讀者和論者如何能真正認識一位作家?有這個必要嗎?誰能給我一些參考答案?

——原載於 2010 年七月十九日

《時間的秘密》

天下本無事

　　最近買了一堆好書，花了兩天的時間匆匆看完，把所有正事都丟在一邊，簡直到了遊手好閒的地步。這個部落格本來是每天更新的，至此自然也荒廢了兩天。

　　即便是像我這樣靈感像雜草一樣「漸行漸遠更生」的人，每天要寫出一篇自己感到滿意的文章，也不是一件容易的事。我一向把部落格當作正業經營，每一次更新都是一項挑戰，務必要讓自己的文章有趣味、有意義而有深度，不是痴人說夢，不是自言自語，更不是道聽塗說，天下文章一大抄，把別人的意見當作經典來傳教。我希望自己的每一篇文章都能介紹些許和文學有關的知識，進而從文學引申到電影、電視、美術、語言、乃至於網路等領域。簡言之，我希望能透過自己的學習和分享，在讀者探索文學天地的過程中，斗膽擔任一個兼職嚮導的角色。

　　這樣的心態有沒有些許傾向於自大自滿？我自己認為答案是肯定的。特別是在現今的網路世界中，能人才士比比皆是，每個人都有發言的自由和權利，沒有人可以自認高尚，也沒有人有權力批判或否定別人。儘管如此，我堅決地相信，即便是在網路空間裡，作者對於自我和讀者的責任感是必須的。即使不需要面對讀者和論者的監督，沒有出版經銷的壓力，作者也不敷衍了事，降低自己對於作品素質的要求。即使不知道讀者和論者在哪裡，因此而常有「燈火闌珊」的寂寞感，作者也不妥協怠惰，減少自己對於作品精緻的追求。如果沒有這份責任感，作者也無法維持自己的水準。如果沒有自我保持水準的意志和毅力，則所謂的作者也只不過是個寫手而已。

　　正因為如此，部落格荒廢了兩天，我心中的自責感是很深的。然而我又試圖說服自己：寧可放棄每天更新部落格的原則，也不願意隨手塗鴉幾篇胡言亂語、不知所云的文章來了事，所謂「寧缺毋濫」就是這個道理。特別是每天要寫出一篇自己感到滿意的文章，在某種意義上，其

《時間的秘密》

實也是一種把自己的所知所感拿來榨汁的過程，殊不見那田裡的甘蔗生長得多麼挺直而具有野生的活力，一旦榨出了甘甜的汁液，剩下的也只是乾枯乏味的渣滓。如果每天這樣掏盡掏空，長久下來，自己的心靈也會產生「骨質疏鬆症」。一個衰老力竭的心靈無法再歡悅蹦跳，自然孕育不出耐人尋味的果實。

所以我選擇了充電，也就是大量閱讀。不管是真實的書本還是網路上的資訊，讀得越多，吸收的資訊在心中和腦中能激盪迴響的機率也越大，也越能碰撞出火花。我讀書一向是採取跳躍的方式，因為讀完一本書之後產生的聯想而把全副心神轉移到下一本，兩本書之間不必有任何關連，只要心頭活水持續保持流動即可。這似乎也像是電流的傳遞，任何事物只要具有導電性，就有接觸的價值，只要電路能接通，其間的排列組合方式再怎麼怪異反常都無妨。

有了這股電流，我選擇做個小小的電燈泡，即便是只有二十燭光的亮度，也足以在黑暗的房間裡擔任一個難得的光源。也許有人會覺得好笑，在如今這個世代，每個人都可以是一座核能發電廠，誰還會在乎一個小小的電燈泡？我的回答是，聚沙成塔，積少成多，在百花齊放、百家爭鳴的時刻，安安靜靜地做一株小草，成長自己的生命，也是好的。

想通了這一點，對於「天下本無事，庸人自擾之」這句話的含意就有了更深的體會，畢竟沒有人能自始至終滿足所有人的需求，只要自己在任一時刻能心安理得即可。話說三毛多年前就寫過這樣一篇題名為「天下本無事」的文章，僅在這裡摘錄一段，做為這篇文章的結尾：

「很久以前看過一則漫畫。畫中的小男孩查理布朗突然想逃學一天，於是早晨該起床的時候，推說頭痛，死賴著不肯穿衣服。

「『如果逃學一天，對整個人生會有什麼影響？』查理想了又想，他的答案是：『沒有什麼影響。』

「那天查理果然沒有去學校，留在家裡裝病。

「第二天，查理有些心虛的上學去了，臉色怪羞愧的。

「那一天，太陽照樣升起，老師沒有消失，課桌仍然在同樣的地方，學校小朋友的姓名也沒有改變，甚而沒有人注意到，原來查理賴了

《時間的秘密》

一天的學。
　「查理看見這個景象,心中大樂。」

　　　　　　　　　　　　——原載於 2010 年八月四日

第二部：我見我聞

《時間的秘密》

《時間的秘密》

夢的重要性

　　許多作家們都曾經從夢中得到創作的靈感。像《暮光之城》系列 (The Twilight Series) 的作者史蒂芬妮・梅爾 (Stephenie Meyer) 就坦承，她在夢中看到一男一女討論吸血鬼和人類戀愛的可能性，因而構思了這一系列小說的寫作。另一個例子是創作《科學怪人》(Frankenstein) 的瑪麗・雪萊 (Mary Shelley)，她在拜訪住在日內瓦湖畔的著名詩人拜倫 (Lord Byron) 時，半夜在他的豪宅裡夢到一個怪物因為電力刺激而產生活動的能力。

　　我自己也曾經從夢中得到創作的意念。大部份的時候，我在夢中看到的只是一個影像，縈繞在心，揮之不去，非得把它發揮闡釋成一個故事不可。儘管最後寫成的故事可能和當初的夢境、以及夢境所帶給我的感受完全不一樣，這多少也是一種完成，好像自己內心輾轉尋求宣洩的聲音得到了釋放。

　　隨意在網上搜尋了一下，結果發現許多人都有過影響深遠的夢，不只是作家，也包括了藝術家和科學家。比方說披頭四 (The Beatles) 的保羅・麥卡尼 (Paul McCartney) 當初就是在夢中隱約聽到〈昨日〉(Yesterday) 的原始曲調，因而譜出了這首好歌。縫紉機的發明人伊萊斯・侯依 (Elias Howe) 當年也是因為夢到自己被一群土著抓到，發現他們的長矛尖端都有一個洞，因而解決了如何讓針帶著線穿過布料的問題。還有創作《變身怪醫》(Dr. Jekyll and Mr. Hyde) 的羅伯特・史蒂文森 (Robert Stevenson)，當年在夢裡看到一個殺人罪犯服用某種藥物而在警方面前變身，他因為這個惡夢而叫喊出聲，被太太搖醒的時候，他還很生氣地質問她：「妳為什麼要把我叫起來！我剛才正在做一個恐怖到極點的夢！」

　　最著名的例子大概是恐怖大師史蒂芬・金 (Stephen King) 創作《戰慄遊戲》(Misery) 這本書的經過了。他在一次訪問中提到自己在坐飛機

時，夢到一位作家被一個女性書迷囚禁、折磨，其悲慘的下場引發了他寫作這本書的靈感。此外，金在構思《牠》(It) 這本書時，也運用過從夢中得到的恐怖影像。他認為夢境就像一般人在日常生活中隨手可得的靈感，一旦有了靈感，趕快加以運用都來不及了，哪裡還管它的來源。

金在《一袋白骨》(Bag of Bones) 一書中寫過一句話：「也許，在夢中，每個人都是作家。」(Perhaps in dreams everyone is a novelist.) 他在另一次訪問中闡明了夢境對於創作的重要性：「我運用夢境的方式就像一般人用鏡子查看自己所看不到的地方一樣，比方說，你可以用鏡子看到腦袋後面的頭髮。對我而言，這就是夢境的功用。我認為，夢是一般人的心靈表達問題所在的一種方式。也許夢境甚至用抽象的語言呈現了問題的解答。」

所以，如果你也創作，如果你哪天晚上也做了一個奇特的夢，不妨試著把那令你印象深刻的夢中影像記錄下來，發揮運用在寫作過程中。如果你也有過這方面的經驗，何不留個言給我？如果你知道其他作家也曾經把夢境融入作品之中，或是發表過相關的言論，也希望你能公開出來和大家分享。

——原載於 2010 年二月二十八日

《時間的秘密》

「漂鳥」情結

　　張繼（也就是唐代著名的詩人宰相張九齡）寫了十二首〈感遇〉詩，其中的第四首給我特別深刻的印象，從小到大，從故鄉到異鄉，一直銘記在心。這首詩是張繼在被貶官以後寫的，全詩如下：「孤鴻海上來，池潢不敢顧。側見雙翠鳥，巢在三珠樹。矯矯珍木巔，得無金丸懼？美服患人指，高明逼神惡。今我遊冥冥，弋者何所慕？」詩中的「孤鴻」比喻的當然是詩人自己，在仕途失意之後戒慎恐懼，寧可選擇浪蕩隱沒，也不願回到高位和小人勾心鬥角，再受迫害。全詩有一種自喻清高的傲感，卻也有一股掩不住的蒼涼。

　　「鴻」這個字傳統上總是和漂蕩、孤獨等意義離不了關係，雖然〈史記‧陳涉列傳〉裡有一句空前絕後的「燕雀安知鴻鵠之志」，寫出了鴻鳥高飛的志向遠大，這種自信自傲而不屑與一般人爭論計較的心情，其實還是一種「漂鳥」情結，也就是「眾人皆醉，唯我獨醒」的心境。

　　儘管如此，詩人既然能出口成章，便自然有與眾不同的才情，如果對自己的能力沒有一定的肯定和認同，自然也無法順利發掘心中的思緒感情，將之轉化成文字，以引起他人的共鳴。的確，詩人常用「漂鳥」一類的意象，除了喜愛那份孤獨清高的感覺之外，多少也希望有讀者能分享這份心情，像千里馬遇上伯樂那樣，愉悅地引為知音。音樂和詩文一樣，都是為了與人溝通，即便是自命不凡的漂鳥，總也希望尋到棋逢敵手的伴侶，可以一同振翅高飛。

　　換句話說，如果漂鳥真的寧願孤獨到死，《神鵰俠侶》裡的楊過也不會受到神鵰青睞了。像諸葛亮號稱「臥龍」，雖然硬是要劉備三顧茅廬，氣得張飛和關羽橫眉豎眼，才肯答應出山，他在「羽扇綸巾談笑間，檣櫓灰飛煙滅」之際的心情，想來也是瀟灑而愉悅的。諸葛亮是《三國演義》中最傑出的人物，雖然在有意無意之間總是把英姿煥發的

周瑜氣到吐血，在聽到周瑜過世的消息時卻也稱讚他「始不垂翅，終能奮翼」，又感嘆「從此天下，更無知音」，可見即便是聰明如諸葛亮，也無法擺脫「漂鳥」情結的影響。

　　古今中外有許多作家都用過「漂鳥」的意象，證明了此種尋求知音的心靈渴望是人類普遍的特性，不僅僅由張繼獨享，也往往在人生坎坷的時候特別會流露明顯。像《天地一沙鷗》(Jonathan Livingston Seagull) 裡的海鷗岳納珊渴望飛行，寧可把所有時間用來追求並練習卓越的飛行技術，不願像其他海鷗那樣一天到晚為五斗米而折腰，因此而被逐出鷗群。

　　然而，儘管岳納珊有機會進入更崇高的境界，成為「自由最極致的體現」(ultimate idea of freedom)，他最後還是選擇返回鷗群，教導其他海鷗飛行的樂趣和意義。在作者理查・巴赫 (Richard Bach) 的智慧安排下，岳納珊體會到：自由的真正意義不在於離群索居，而是能體會自我之所以與眾不同的因果，並學會原諒、關懷、乃至於尊敬其他人和自己截然不同的人生選擇。只因為自己的堅強而選擇背棄其他所謂的弱者，並不代表自己就能獲得更多。

　　因此，張繼筆下的孤鴻儘管不再擔心弋者的威脅，卻還是關切著三株樹上雙翠鳥的命運。所謂「美服患人指，高明逼神惡」，不是自己無法攀到高枝的酸葡萄心理，更不是「眼看他起高樓，眼看他宴賓客，眼看他樓塌了」的幸災樂禍，而是對同類不由自主且發自內心的愛護與關切。與其徹底自我放逐，孤鴻還是要絮絮叨叨地訴說獵人彈丸的可怕，警告其他鳥類不要掉以輕心。這種寧願選擇孤獨而又忍不住要擁抱眾人的「漂鳥」情結，便是人類之所以為社會性動物的法則之一吧。

——原載於 2010 年三月五日

迷信的力量

我從來不以為自己是迷信的。我認為自己受過現代科學教育，心胸開放坦白，因此對許多看似迷信的行為或心態嗤之以鼻。我以為自己的生活是先進而合乎潮流的。

然而最近在安排客房傢俱的時候，我第一次見識到迷信的力量。我不知道為什麼，一定不肯把單人床靠牆放在房間中央，直接面對房門。別人探究原因的時候，我只能說這是不吉利的，對風水不好。更何況，從古到今，至少對我們東方人而言，葬禮中棺材的位置似乎都是這樣安排的。西方人就沒有這種忌諱。

當別人笑我迷信的時候，我有受到批評和侮辱的感覺。然而我自己審視這種心態，卻完全沒有科學和理性的根據，只是一種來自內心深處的堅持，一種莫名所以的恐懼，深怕床的位置一旦安排錯了，真的便會給睡在床上的人帶來厄運。我當然永遠也不能證實這只是迷信，因為我不會給自己和別人任何進行實驗的機會。我只能強迫自己承認這只是一種「寧可信其有」的態度，然而它像什麼鋪天蓋地的黑雲似的，籠罩、箝制著我，不肯放我自由，也不給我解釋分辯的機會。我因此而覺得很苦惱，覺得自己好像被冤枉了，可是又無法證明自己的清白。

我想像原始人住在山洞裡，為了防備野獸的侵入，很自然地便會把棲息之處安排在山洞深處一角，而非直接面對入口。我又想像東方人葬禮的安排，棺木直接面對大門，出入容易，對死者和生者而言都是一種方便。除了這兩個原因之外，我不知道為什麼床不能放在房間中央而面對房門。我只知道這種迷信對於個人和群體都有極強的控制力量，其存在的歷史越悠久，可以產生的影響力量便也越大。這是人性為之推波助瀾的結果，和迷信本身的內容沒有任何關係。

美國行為心理學家史基納 (Burrhus Federic Skinner) 於 1948 年在《實驗心理學期刊》(Journal of Experimental Psychology) 上發表了一篇

名為「『迷信』的鴿子」("Superstition" in Pigeons) 的論文。他描述實驗室裡的鴿子會在定時餵食器前搖頭擺尾，大轉圈子，歷久不衰，只希望能得到更多的食物。他以為這種行為和人類對神崇拜的行為並沒有什麼不同，甚至還具備了人類迷信行為的特質。

儘管許多科學家對這種理論提出質疑，史基納定時餵食鴿子以加強其行為模式的實驗程序，卻能用來解釋人類迷信行為的根源。基本上，一旦鴿子建立了定時定量的飲食習慣，牠們在固定的時刻就會自動聚集在餵食器前，不需要額外的誘因來加強這種行為模式。這固然是一種慣性行為，卻也是一種求生的本能。進一步從人類的角度來看，如果一個人在做事的時候希望得到額外的報酬（也就是足以加強行為模式的額外誘因，和原本已經建立的慣性行為不同），而報酬卻沒有到來，則這個人事實上會持續保持對於額外報酬的渴望。他或她會認為，只要自己繼續做這件事，額外的報酬遲早會到來。特別是，如果這個人過去在做這件事的時候確實得到過額外的報酬，則雖然報酬不常發生，他或她總是會不由自主地期待：也許這一次我的運氣會變好，我會再次得到額外的報酬！

如果我們把上段文字中的「報酬」二字換成「懲罰」，則迷信對於人類行為的影響和控制力量就很明顯了。如果一個人做了某一件事而得到某種懲罰，則他或她再次做這件事的時候便會準備好自己面對懲罰的到來；如果懲罰到最後居然沒有發生，則這個人還是會繼續保持這種心理準備：只要做這件事，就要準備好受到懲罰。與此同時，這個人也會產生所謂「不是不報，時候未到」的心態，就算他或她並不是每次做這件事的時候都會受到懲罰，每次做事的時候也還是會不由自主地猜想：這次我的運氣不知道是好是壞？也許這一次我真的會受到懲罰？

最重要的是，人類生存的原始本能讓我們懂得做出對自己最有利的選擇。如果做出正確的選擇可以讓我們生存得更好，那麼我們很自然地便會避免做出錯誤而對自己有害的選擇；就算一種選擇出於迷信而實際上會在我們的生活中造成種種不便，我們為了保障自己的生存，還是會堅持這種選擇。

《時間的秘密》

　　所以,客房的單人床最後還是靠牆放了。誰要來我這個迷信的人家裡作客呀?

——原載於 2010 年三月八日

《時間的秘密》

文學與死刑

最近重看了 2001 年發行的《魔戒首部曲：魔戒現身》(The Lord of the Rings: The Fellowship of the Ring) 這部電影，受到了很大的感動。電影中的佛羅多 (Frodo) 一度憤恨地說，可惜比爾博 (Bilbo) 並未在有機會殺死咕嚕 (Gollum) 的時候就下手，以至於魔戒在多年後再度現身，引起這麼多麻煩。針對這句話，巫師甘道夫 (Gandalf) 回答：

「你覺得可惜嗎？正是這份可惜的心情使比爾博下不了手。許多還活著的人都應該死。有些已經死了的人卻值得活著。你能就這樣決定他們的生死嗎，佛羅多？不要在做決定的時候太輕易地判人死刑。即使是極有智慧的人也不能明白所有生命的終結。我的心告訴我，咕嚕在這件事結束以前還有機會扮演一個角色，不管是為善抑或作惡。比爾博當年出於可惜的心情也許會因此而影響許多人的命運。」

這段話讓我憐想到金庸於 1975 年一月寫完《飛狐外傳》時，在書末增添的後記：「武俠小說中，反面人物被正面人物殺死，通常的處理方式是認為『該死』，不再多加理會。本書中寫商老太這個人物，企圖表示：反面人物被殺，他的親人卻不認為他該死，仍然崇拜他，深深的愛他，至老不減，至死不變，對他的死亡永遠感到悲傷，對害死他的人永遠強烈憎恨。」只不過，世人多半為正面人物的犧牲而憤怒、嘆息，如果有反面人物的親朋好友、乃至於完全不相干的人出面為他們說話，不管說的是什麼都會被認為是一丘之貉，也應該人人喊打。所謂的世俗道德，想來也只是多數人所習以為常的共同意見而已。

美國作家約翰‧葛里遜 (John Grisham) 於 1994 年出版了著名的小說《終極審判》(The Chamber)，書中探討的便是死刑是否足以彌補罪犯過失的問題。男主角亞當本身是律師，祖父多年前涉入爆炸殺人案而被判死刑，父親因為無法承受這種恥辱而和兒子遠走他鄉，改名換姓，最後終於自殺。照理說，亞當應該對這從未謀面的祖父充滿怨恨，然而他卻

《時間的秘密》

在死刑執行的前一個月挺身而出,盡全力想要拯救這位看似十惡不赦的祖父,一方面是為了安慰父親的在天之靈,一方面也是為了消解自己內心中那種身為罪犯後人的空虛感。

這樣原本已經複雜無比的情節,隨著亞當和祖父之間的互動而更加深刻。亞當發現祖父原來並沒有犯下被控的殺人罪行,雖然有過,卻罪不至死。面對社會各界對死刑執行的殷殷期待,以及當權者出於政治考量而非把祖父送進毒氣室不可的野心勃勃,亞當應該如何在法庭上應對進退,才能改變法官的心意而順利營救祖父?他又應該如何改變社會大眾對死刑的看法?亞當對祖父的救贖,究竟是出於一己尊重、珍惜生命的觀念和責任感,還是源於愛護親人的私心?死刑真的能解決一切問題嗎?

尤其發人深省的,是書中的亞當和一位資深律師的對話。資深律師問亞當:「你對死刑知道多少?」亞當說:「我讀過所有相關文獻。」資深律師回答:「那麼,你對死刑根本一點也不了解。」身為律師的亞當極力想要了解身為死刑犯的祖父心情,然而他對生死的看法終究局限於自己二十五年以來的人生體驗,所有的法律常識都幫不上忙,世俗的善惡賞罰觀念也無關緊要。人一旦死了便不能復生,就算祖父的一生已經浪費在無謂的法律程序和等待死刑執行的九年半之中,只要亞當能拯救他免於不死,他便覺得祖父的生命還有希望,自己的生命也因此而產生了意義和價值。

另一位在作品中深入探討死刑制度的作家是史蒂芬・金 (Stephen King),他於1996年出版了《綠里奇蹟》(The Green Mile) 這部小說,台灣不知道為什麼翻譯成「綠色奇蹟」,完全搞錯了死刑犯在坐上電椅之前必須走過的那條鋪了綠色塑料的走廊所象徵的意義。書中的第一人稱主觀敘述者是監獄的警衛長,他朝夕和死刑犯相處,手下也處決過罪犯,因此對於死刑的了解似乎比較深刻。他看過十惡不赦的罪犯如何在坐上電椅時痛哭流涕、悔不當初,也看過志願監督(抑或欣賞?)死刑執行的一般民眾如何被電椅處決的殘忍景象震攝得嘔吐暈倒,而忘了自己當初為被害者復仇的意願終於得償。對他而言,死刑是最殘忍的一種

結束生命的方式，就算是惡性重大的罪犯也還有一絲良知，死刑卻剝奪了他們贖罪的機會。

警衛長後來得知一位完全無辜的黑人即將被處死，有心營救，卻無法對抗來自於法律制度和社會民情的壓力，只能眼睜睜地看著這人被送上電椅。他和守衛們在按鈕執行死刑的時候，通常都會問死刑犯有沒有最後的遺言，有人乞求上帝和世人的原諒，有人後悔自己的所作所為，只有這位無辜之人對自己的存在感到抱歉，因為他或任何人都不應該輕易干涉他人的生死。警衛長最終按下電鈕，然後必須處理所有的後事，當他把燒得焦黑惡臭的屍體運出監獄的時候，心中如果對生命有什麼執著或堅持，此刻也都煙消雲散了，取而代之的只是奪走他人生命的罪惡感，需要他用一輩子來償還。

最後想說的是，我們在文學作品或媒體報導中讀到的死刑也許只是虛構，在腦海中揣測各種處罰罪犯的極刑也許更足以大快人心，然而全世界的讀者只怕都無法想像，一旦自己是那個實際面臨死刑的人，無論是處刑者還是受刑人，一條生命的喪失究竟會產生什麼後果，在現實生活中又能達到什麼補償的意義和價值。死刑真的能解決一切問題嗎？與其責難不願執行死刑的人，如果要你伸手按下毒氣室或電椅的按鈕，或是開槍射出那顆子彈，看著罪犯在你眼前呻吟呼號而死去，你做得到嗎？我可做不到。

——原載於 2010 年三月二十六日

《時間的秘密》

翻譯和出版時間的弔詭

　　最近在網路上看到愛麗絲・希伯德 (Alice Sebold) 的第三本小說《近月》(The Almost Moon) 即將推出中文版的消息，在欣慰之餘，不禁也感受到翻譯和出版時間所形成的弔詭。這本書原本早在 2007 年十月就出版了，當時在歐美出版界造成一陣轟動，許多論者和讀者都拿這本書和《蘇西的世界》(The Lovely Bones) 比較，多少也有等著看這第三本書是否能像前一本那麼成功的好戲意味。

　　由於這本書即將上市，不能在這裡討論內容和寫作手法，至於紐約時報所寫的精彩書評和一篇希柏德的專訪，也必須等上一陣子才能翻譯給大家看了。我只覺得，因為版權協調和翻譯的種種問題，這本書足足花了兩年半的時間才抵達台灣，長途跋涉固然艱難，讀者也等得辛苦。更何況，如果《蘇西的世界》沒有被大導演彼得・傑克森 (Peter Jackson) 改編成電影，在台灣也不會突然聲名大噪起來，而促成《近月》的現身。其實《近月》這本書比《蘇西的世界》更寫實，能不能讓台灣讀者提起胃口，還是未定之數。

　　這也讓我想到「哈利波特」系列第七集《死神的聖物》(Harry Potter and the Deathly Hallows)。這本書於 2007 年七月二十一日正式出版時，著實在所有英語國家掀起了一陣風波，且不說那無數帶著小孩熬夜在書店前面排隊的家長，書店一開門，在短短二十四小時之內就賣出了一千五百萬冊，其中有一千一百萬冊都是在英國和美國賣出的，銷售速率幾乎達到每秒鐘十五本的地步。更有趣的是，這本作為「哈利波特」系列結局的小說，在出版以前就被出版商以一千萬英鎊的價格保了險，希望不至於使內容外漏，結果後來還是因為各種因素而在網路上被人捷足先登了。這一連串的新聞報導，讀者和論者因之而引起的興趣，讓每個人都興味盎然了好一陣子，連原本不想看這本書的人也忍不住心動。

《時間的秘密》

　　在全世界英語讀者興奮地倒數計時、議論紛紛的時候，台灣的讀者卻還在安靜地辛苦等待，譯者和出版社的動作雖然快，這本書的中文版卻也足足等了三個月才在台灣上市，錯過了國際上的那股熱潮。好書的價值當然歷久不衰，但是台灣的讀者每次都得苦苦等待各類好書推出中文版，即便是號稱作者「新書」或「近作」的作品，事實上都已經出版了好幾年。這種時間上的差距，感覺起來實在令人有些心酸。

　　從另外一個角度來看，讀者也許不在乎好書的出版年月，論者卻可能有管道接觸最新的出版資訊，而能以第一手的機會提供給讀者參考。像史迪格‧拉森 (Stieg Larsson) 的「千禧三部曲」完結篇《直搗蜂窩的女孩》(The Girl Who Kicked the Hornets' Nest)，英文版於 2009 年十月在英國出版，中文版雖然即將在台灣上市，幾位對北歐文學素有專精的學者和論者卻已經提出了頗有深度的評論，為讀者詳細介紹這一系列三本書和作者本身的背景，貢獻良多，這是台灣讀者的福氣，也是文學評論界可喜的現象。由此看來，也許台灣讀者並沒有一般人想像中的那樣與世脫軌，不合潮流？

　　至於那許許多多還沒有被翻譯成中文的好書，只因為沒有登上紐約時報的暢銷排行榜，更沒有慧眼識英雄的編劇和導演將之改編成電影，也許一輩子在台灣都將默默無聞，和讀者失之交臂。台灣的出版業多少是現實的，就算有才學的譯者努力進行推薦，出版社唯有選擇在世界其他各地已經出名的作品，在台灣才有賺錢的機會，也才能滿足讀者挑剔的口味。這是很無奈而又不得不為的考量。

　　更令人擔憂的是，台灣在中文翻譯出版市場上的地位似乎有逐漸被中國取代的趨勢，儘管一般國際上的出版社在出售版權時都會特別註明繁體或簡體中文的市場，看到中國已經或正在翻譯的書籍數量和廣度，在各種國際書展中大量競購翻譯出版權限的手筆和野心，卻令人不感到心驚膽跳也難。台灣需要在這方面急起直追，同時堅持翻譯出版的精緻品質，才有能力和中國競爭。更希望讀者們能愛用國貨，堅持購買台灣翻譯出版的作品，支持願意為文化事業奉獻心力的譯者、論者和出版業，我們這美好精深的閱讀國度才能繼續成長茁壯。

《時間的秘密》

——原載於 2010 年四月十三日

《時間的秘密》

文學與電影（四之一）：好故事的呈現

　　一部好的文學作品必定包含了一個好故事，然而一個好故事並不一定能被寫成一部好的文學作品。關於這一點的判斷，經常可以在文學作品改編而成的電影中發現。許多作品原本默默無聞，卻因為被改編成電影而聲名大噪，讀者也因此而產生了閱讀和理解的興趣，這是因為其中有一個好故事，儘管作者不能妥切精確地用文字表現，編劇和導演卻能運用影像來進行完美的詮釋。

　　例如二十世紀丹麥最著名的女作家凱倫・白列森（Karen Blixen，筆名伊莎・丹尼森 Isak Dinesen）在肯亞的生活傳記由丹麥文寫成，由作者自己翻譯成英文，全書為散文形式，文字很美，故事性卻有些薄弱而流於瑣碎。這本書於 1937 年出版之後，受到美國導演薛尼・波拉克 (Sydney Pollack) 的青睞，透過名演員梅莉・史翠普 (Meryl Streep) 和勞勃・瑞福 (Robert Redford) 的表述，搖身一變成為 1985 年發行的電影《遠離非洲》(Out of Africa)，獲得了七座奧斯卡金像獎，其優美的取景和配樂至今還是許多人的最愛。

　　又例如重量級科幻小說作家菲利浦・狄克 (Philip K. Dick) 的短篇故事〈關鍵報告〉於 1956 年出版時，男主角約翰・安德頓 (John Anderton) 只不過是一個禿頭大肚的中年男子，小說中三位具有預知能力的年輕人心智不全、肢體變形，整體故事的敘述也不算引人入勝。然而在導演史蒂芬・史匹柏 (Steven Spielberg) 的安排之下，安德頓變成三十多歲的動作派帥哥，三位年輕人也頗為俊美，其原本普通的名字（唐娜、麥克和傑瑞）則被改成阿嘉莎、達許和亞瑟，以紀念英美兩國的三位著名推理小說作家：阿嘉莎・克莉絲蒂 (Agatha Christie)、達許・漢密特 (Dashiell Hammett) 和亞瑟・科南・道爾 (Arthur Conan Doyle)。這部於 2002 年發行的電影把小說的情節加以濃縮而戲劇化，加入了許多細節以突顯人物個性，配上驚險眩目的特殊效果，使觀眾目馳神迷，比

原本寥寥十數頁的小說要精彩多了。

其他的例子包括了溫斯頓・格魯姆 (Winston Groom) 於 1986 年出版的小說《阿甘正傳》(Forrest Gump)，只有在 1994 年改編成電影之後才大為出名。

英國著名的《衛報》(The Guardian) 於 2006 年評選五十部由文學作品改編而成的優秀電影時也指出，馬里奧・普佐 (Mario Puzo) 於 1969 年出版的小說《教父》(The Godfather) 雖然被知名導演法蘭西斯・柯波拉 (Francis Coppola) 在 1972 年製作成一部震古鑠今的電影，作品本身卻並不算傑出。

另外，查爾斯・韋伯 (Charles Webb) 於 1963 年出版的《畢業生》(The Graduate) 從來就不是一本著名的小說，然而由這本書改編而成的電影在 1967 年發行以後卻轟動無比。

大衛・莫瑞爾 (David Morrell) 於 1972 年出版的《第一滴血》(The First Blood) 曾經被《時代》雜誌 (Time Magazine) 批評為充滿暴力血腥的作品（英文有個名稱為 carnography），十年後（1982 年）由泰德・柯切夫 (Ted Kotcheff) 改編成電影時，票房卻橫掃全球。

近年來有太多名列暢銷排行榜上的作品被改編成好電影，多半都是因為其中有個精彩絕倫的故事，讓編劇和導演食指大動，非拿來發揮一番不可。這種從文字到影像的轉變，給故事帶來了新的生命力。例如先後被拍成電影的《達文西密碼》(The Da Vinci Code)（2006 年發行）和《天使與魔鬼》(Angels and Demons)（2009 年發行），大導演朗・霍華 (Ron Howard) 能脫出書中文字的藩籬，直接擷取情節精華而運用戲劇手法呈現故事的核心，一方面為喜愛電影的觀眾省去閱讀原書作者丹・布朗 (Dan Brown) 作品的麻煩，一方面卻也為喜愛文學的讀者提供了用另一種方式沉浸於作品內容之中的機會。好故事（不一定是好作品）的優勢，莫過於此。

——原載於 2010 年三月二十八日

文學與電影（四之二）：敘事觀點的轉換

　　文學作品的敘事觀點可以有許多種，除了單一的選擇之外，更有許多作家嘗試過多重敘事觀點的交錯使用。這對讀者而言，可以是極為艱鉅、卻也極為誘人的挑戰，對於想要改編文學作品成電影的人而言，更可以是一場惡夢。

　　一部好的文學作品可以用一生去用心閱讀，然而電影的長度一旦超過三個小時，觀眾就會開始覺得腰酸背痛而怨聲載道了。特別是內容複雜而深刻的作品，在改編成電影時，敘事觀點必須進行適當的轉變，才能成功地讓觀眾在平均一百二十分鐘的時間之內理解並欣賞整個故事。更重要的是，文學作品的閱讀是漸進式的，書中每一頁都是天梯的一級，讀者必須一步一步慢慢地攀爬，最終才能抵達並領悟天堂的極美。相較之下，電影像是絕壁頂端的一座觀景平台，觀眾只需要踏出一步（也就是電影票的購買），便可以顧盼四方而領略全天下的風景，讓影像自由充斥整個心靈。

　　那麼，編劇和導演們應該如何把天梯改建成觀景平台呢？唯一的辦法便是修改單向、專注而偶爾也難免有些狹窄的視野，捨棄這種「望遠鏡」式的第一人稱觀點，反而把整間房子的四面牆都打掉，換上透明的大玻璃窗，採用足以在瞬間綜覽世界的第三人稱觀點。這種修改有利，當然也有弊。

　　以 1975 年發行的《飛越杜鵑窩》(One Flew Over the Cuckoo's Nest) 為例，這是舉世公認最好的電影改編文學成就之一，史無前例地獲得了最佳影片、最佳導演、最佳男主角、最佳女主角及最佳電影劇本等五座奧斯卡金像獎，原著小說則由美國作家肯尼斯・艾爾頓・克西 (Kenneth Elton Kesey) 於 1962 年出版。小說中採取第一人稱觀點的敘事者是一位在精神病院中假裝聾啞的印第安人，讀者一開卷就知道他其實一切正常，進而透過他的角度來觀察院中其他病人的言行舉止。相較之

下,改編後的電影採取第三人稱的全知觀點,這位印第安人只是精神病院的眾多病人之一,他們之間各種形式的互動,以及其共同對抗病院管理階層的行為,便因此而能完整無缺地呈現在觀眾眼前。

再來以 2003 年出版的《時空旅人之妻》(The Time Traveler's Wife) 為例,男主角因為一種罕見的疾病而不由自主地在各種時空中穿梭,和女主角之間的戀情發展也因此而千折百轉,磨難重重。作者奧黛麗・尼芬格 (Audrey Niffenegger) 雖然是第一次寫小說,文字卻直接有力,整部作品分別由男女主角以第一人稱觀點敘述,在時空中往返跳越了無數次,讀者在眼花撩亂之餘,更能深刻體驗男女主角的內心和現實世界受到了如何沉重而無奈的打擊。相較之下,同名電影於 2009 年發行,編劇和導演採取第三人稱的全知觀點,依照時間順序來訴說男女主角之間的愛情故事,在穿插不同時空的情節時則特別標明細節,使觀眾可以輕易了解整個故事的來龍去脈。這樣的改編雖然對觀眾有利,卻多少喪失文學作品的原創性,對故事整體的理解和欣賞也無法淋漓盡致。

最後以 1960 年出版的《梅崗城故事》(To Kill a Mockingbird) 為例,作者哈波・李 (Harper Lee) 在創作時,從自己的人生歷程中借用了不少片段,透過中年女主角對於童年往事的追述,深刻描述美國經濟蕭條時代的南方社會生活。隨著女孩的成長,她敘事的口吻和使用的字詞有所改變,觀察周遭人事物的角度有所不同,理解的深度也有所精進,「種族歧視」議題在小說中因而受到廣泛而深入的探討,成為立體而善於形變的一種怪物,讓讀者觸目驚心。相較之下,同名電影於 1962 年發行,不但省略、修改了小說中的許多情節,更採取第三人稱的全知觀點,把故事的重心集中在女孩的律師父親挺身為一位受到誣陷的黑人義務辯護的經過,只有在情節轉換而需要順利「過場」的時候才使用女孩的旁白。這樣的改變使飾演律師男主角的葛雷格・畢克 (Gregory Peck) 聲名大噪,其精湛的演技也為他贏得一座奧斯卡金像獎,然而小說中細膩的女性觀點和心理轉變卻完全被忽略、否定,幾乎可以說是改寫了整部作品。

所以,採用第三人稱敘事觀點的觀景平台固然有其好處,只用第一

《時間的秘密》

人稱敘事觀點的天梯優勢也不能被輕易否決。文學與電影之間的交集不常發生，然而一旦發生，在那短暫交會時產生的明亮火花可以照亮某個角落，卻也不可避免地在其他角落產生陰影。還記得那首著名的〈偶然〉詩嗎？「你不必訝異，更毋須歡喜，在轉瞬間消滅了蹤影。你記得也好，最好你忘掉，在這交會時互放的光亮。」

——原載於 2010 年三月二十九日

文學與電影（四之三）：重要情節的改變

　　並不是每個看電影的人都有那份閒情逸致去找原著來讀，這是可以理解的，畢竟文學和電影是兩種完全不同的媒體，蘋果和橘子不能比較。儘管如此，如果正好看到一部由文學作品改編的電影，自己又狂熱地喜愛這部作品，則那種心情就像是在異鄉遇到同樣來自故鄉的人，絕對是激動而感恩的。

　　然而「君自故鄉來，應知故鄉事」，如果由這號稱「同鄉」的人所娓娓道來的「故鄉」竟然和自己所知所愛的故鄉有所不同，甚至完全相悖，則心中的那份震驚和迷惘也是絕對自然的。至於究竟是爽脆的蘋果比較可口，還是多汁的橘子比較誘人，就完全得依個人的喜好而定了，旁人的看法終究只能拿來參考而已。

　　以2003年發行的《失控的陪審團》(Runaway Jury) 電影為例，作者約翰‧葛里遜 (John Grisham) 於1996年出版同名原著小說時，描寫的是女主角因為父母吸煙過量致死而設計控告煙草公司的故事，在拍成電影時卻變成了槍枝氾濫的受害者，算是極為明智的情節改變。由於電影必須在極短的時間內給予觀眾相當的震撼力，無辜的眾人被暴徒持槍在瞬間濫殺致死，當然比選擇吸煙的人經過許多年才患癌身亡要來得戲劇化。此外，槍枝氾濫是許多國家眾所周知的公害，也是各種政治辯論和關說的主要議題之一，比較起吸煙之唯一種個人習慣，更容易挑起觀眾或支持、或反對的情緒，是為電影的重要目標之一。

　　又以2007年發行的科幻電影《我是傳奇》(I am Legend) 為例，作者理查‧曼瑟森 (Richard Matheson) 於1953年出版同名原著小說時，安排了男主角在偶然的機會下對僵屍的形成和演變有進一步的了解，因此體會到自己在新一代僵屍的眼中不只是一個代表毀滅力的傳奇，更是舊社會的象徵，終究會被取代。他一直以為摧毀僵屍是自己道德上的責任，沒想到世界末日的自己卻成為新一代社會亟欲遺忘的變異和回憶。這個

結局富有高度的哲學性，充分表現出我們所熟知的各種道德觀念在世代轉變之間所表現出的弔詭：過去我們以為是錯誤和邪惡的，在今日可能成為常情，到明日更可能成為真理，則我們面對時間的迅速流逝，應該如何調適自己，才能在潮流變化中保持一席生存之地？

這樣精彩的結局，在電影中卻蕩然無存，男主角不只促成了僵屍的形成，更終其一生致力於摧毀僵屍，乃至於付出自己寶貴的生命，因而在其他浩劫餘生的人類心中成為傳奇和典範。這種情節改變使故事變得簡單，因此觀眾可以有更多時間深刻體會男主角試圖贖罪的心情，同時感受到他以為自己是世界上僅存的人類的孤獨和痛苦，為他的憂傷而潸然淚下，為他的憤怒而咬牙切齒。這種安排不是沒有深意，只是喪失了原著的精神。更有趣的是，這部電影的另外一個結局其實比較忠於原著，男主角在和僵屍對峙的最後一刻發現牠們居然也有相當程度的智慧和人性，因此放棄摧毀牠們的機會，僵屍們得以建立自己的新社會，男主角則選擇繼續搜索並協助其他得以生存的人類。這樣的結局儘管比較公平，卻恐怕不能滿足喜愛動作驚悚電影的觀眾。一般的僵屍電影都是人類得勝而屠殺僵屍，兩者和平共存的結局只怕會被觀眾丟汽水罐，罵個半死吧？

修改原著小說結局最徹底的一部電影大概是 2001 年發行的《人魔》(Hannibal) 了。作者湯瑪斯‧哈里斯 (Thomas Harris) 於 1999 年出版同名原著小說時，安排了身為聯邦調查局探員的女主角克蕾瑞思‧斯達林 (Clarice Starling) 在受盡苦難之後明白了自我生命的意義和價值，因而選擇背棄社會道德，和惡名昭彰的殺人犯漢尼拔‧雷克特 (Hannibal Lecter) 共度餘生。這樣的結局雖然匪夷所思，哈里斯卻在書中提供足夠的線索和證據來解釋斯達林的心態轉變，同時透過各種情節來闡述雷克特的人格，說明他的悲劇心理，表彰他的英雄個性，讀者因而不由自主地欽羨這個反派英雄，同時對女主角的人生選擇報以同情和祝福。

雷克特從 1981 年出版的《紅龍》(Red Dragon) 開始，就是一個充滿爭議性的角色，其狡詐詭異而又極富紳士風度的個人魅力在 1988 年出版的《沉默的羔羊》(The Silence of the Lambs) 書中充分展現，在《人

魔》和《人魔崛起》（Hannibal Rising，2006年出版）這兩本書中更讓人又怕又愛，以至於獲得了全世界讀者的擁戴。儘管如此，電影中的雷克特卻始終是一個被社會唾棄、畏懼的殺人魔，其個人魅力變成蠱惑受害者的工具，其生命中的各種悲劇更只是重重惡行的藉口，如果導演居然要忠於原著小說而安排一位聯邦調查局的女探員和這個殺人魔共結連理，則觀眾非氣得拿椅子砸銀幕不可。這是世俗規範的力量所致，也是對藝術作品的箝制，讀者在私人的閱讀空間裡可以愛上文學作品中的大反派，在電影院這種公共場合之中卻非得順應潮流而向大反派吐上幾口唾沫不可。誰能忍受別人的指指點點：這個人居然喜歡雷克特這種妖魔鬼怪，其心理一定不正常吧？

小說中的雷克特和斯達林大食人腦，被食者罪有應得，電影中的斯達林卻非得感到噁心而吐得滿地、寧願一死也非得把雷克特送進大牢不可。面對這種和原著小說迥然不同的情節轉變，也難怪茱蒂·福斯特(Judy Foster)不願意接下《人魔》這部電影了。名演員安東尼·霍普金斯(Anthony Hopkins)在三部電影中扮演雷克特這個角色，其演技之精湛獨到，想來也能為雷克特出一口被世人冤枉的氣吧。

——原載於 2010 年三月三十日

《時間的秘密》

文學與電影（四之四）：視覺表述的選擇

　　文學作品之所以令人回味無窮，在於每個讀者的想像力不同，各人對於同一部作品的感觸和體驗因此也呈現出千百種不同的面貌，甚至隨著年歲增長而有巨大的轉變。相較之下，電影的想像力在絕大多數的情況下都只能有一次，且多少以導演的決定為重心，觀眾在欣賞電影時接受了此一既定版本，對於主要情節和角色的視覺印象就從此定型了。

　　正因為如此，各界導演們在改編文學作品成電影時，如果不是胸有成竹，確定自己可以進行完美的視覺表述，以使觀眾在欣賞電影時能獲得和閱讀原著作品相等、甚至更為深刻的樂趣，只怕也不敢輕易下手。眾演員們也面臨同樣的挑戰：一旦定了型，儘管可以建立家喻戶曉的名號，想要改變風格卻很困難。舉例來說，有資格飾演印第安納‧瓊斯 (Indiana Jones) 的演員似乎只有哈里遜‧福特 (Harrison Ford) 一人，而除了安東尼‧霍普金斯 (Anthony Hopkins) 以外，想來其他的演員也無法成功地展現出漢尼拔‧雷克特 (Hannibal Lecter) 那種令人毛骨悚然的魅力。這幾乎可以說是對於演員的一種詛咒：他們的演技越是傳神成功，對自己未來事業的負面影響和束縛也就越大。

　　話題扯遠了。其實電影如果改編得好，對於文學作品的增色是絕對不容否認的。例如史蒂芬‧金 (Stephen King) 多年以來一直抱怨大導演史丹利‧庫布力克 (Stanley Kubrick) 把《鬼店》(The Shining) 這部作品給拍壞了，殊不知金的原著小說在某些篇章的處理方面實在是有些生硬冗長，讀者如果僥倖沒有睡著的話，就非得生吞活剝才能下嚥。相較之下，庫布力克運用各種靜止畫面和極速剪接來逼出螢幕上和觀眾心中的恐怖氣氛，剪除原著小說中的許多雜蕪枝蔓，只把電影的重心集中在男主角發狂的過程和之後對於妻子和兒子的追殺，雖然也增加了幾個額外的情節，卻能有力地把原著小說的精神表現出來。

　　又比方說 J.K. 羅琳 (J.K. Rowling) 的《哈利波特與神秘的魔法石》

(Harry Potter and the Philosopher's Stone)，由於是整個「哈利波特」系列的首作，在改編成電影的時候非得別出心裁不可，除了各個角色的造型要能讓人一見難忘而流傳久遠之外，連多種佈景道具的設計都得花上好一番功夫。電影中最能展現原著小說特色的畫面，莫過於霍格華茲魔法學校 (Hogwarts School of Witchcraft and Wizardry) 的裡裡外外，還有那驚險刺激的魁地奇球賽 (Quidditch)，其給予觀眾的視覺刺激，絕對是原著小說中的文字所比不上的。

至於 J.R.R. 托爾金 (J.R.R. Tolkien) 的《魔戒》三部曲 (The Lord of the Rings)，首部《魔戒現身》(The Fellowship of the Ring) 的電影改編真可謂視覺表述藝術的極致。無論是哈比人、巫師、精靈、矮人、戒靈（黑騎士）、強獸人、各種怪物、還是眾多的人類，其文化特色均透過詳實的服飾、武器和建築背景予以呈現，其間穿插雄奇偉峻的山河地勢，令人忍不住驚喜讚嘆，對於原著小說中厚重紮實的文字敘述也有進一步的了解。導演彼得‧傑克森 (Peter Jackson) 同樣濃縮了相當篇幅的情節，因此能把戲劇張力擴展到極致，原著小說讀來有如歷史，改編成電影之後卻成為大眾化的史詩。

文學和電影之間共存相生的關係，是永遠也解說不完的。當代的讀者和觀眾何其幸運，能有眾多的文字和影像文本互相參照比較，在心靈上和視覺上都擁有無數盡情享受的機會。

——原載於 2010 年三月三十一日

《時間的秘密》

第三部：我思我感

《時間的秘密》

《時間的秘密》

小豬寶貝的澳洲精神

　　1995 年發行的電影《小豬寶貝》(Babe) 是我最喜歡的澳洲電影之一，尤其是結局，每次看都會淚濕，心中感動不已，忍不住要為那份澳洲精神歡呼。

　　農夫哈格對於小豬寶貝的天賦從揣測到深信不疑，願意像個天真的大孩子那樣為牠唱歌跳舞，願意被眾人當成傻瓜，帶著小豬參加專門為牧羊犬舉辦的趕羊比賽。無論是面對比賽委員會的刁難，還是當他走入群眾時受到大家的嘲笑，他的背脊總是挺直的，臉上也是堅毅的表情，因為他相信自己，更相信小豬。那份鎮定是難能可貴而從容不迫的，當然也是樂觀進取的。

　　這正是典型的澳洲精神，不單純因為一個人的出身背景而予以貶低或質疑，寧可給每個人一個公平的機會，提供基本的信任和欣賞，而不是譏笑怒罵。這種對於人性的基本尊重首先奠基於對自我的肯定，因為充滿自信，所以沒有刻意尊崇或貶抑他人的必要。因為自信，所以樂觀，所以願意大膽嘗試和付出，所以成功的機率也比較大。

　　常有人說澳洲人傻氣，那份不知道天高地厚的寬廣胸襟，來自於澳洲的地大物博，人口稀少，每個人都必須盡自己的力量展示才幹，同時協力合作，整體才有生存發展的機會。當然，澳洲人也曾經迷失，質疑自己的價值，需要透過他人的讚許而肯定自己的存在，這是年輕的本色，不容輕忽，也不需要否定。重要的是，如今澳洲人已經自信驕傲地站了起來，本著公平公開的精神自由地參與國際事務，遵循自己的道德標準行事，對其他國家保持基本的尊重，卻也不畏懼發出自己的聲音。這與其說是傻氣，不如說是大方磊落。

　　當群眾歡呼慶祝農夫哈格和小豬寶貝的成就時，陽光穿過雲層照在他們身上，似乎是慈悲，更多的則是肯定。小豬寶貝要的只是農夫哈格的一句讚美，農夫自身的笑容也只是欣慰，而不是驕傲跋扈。他們從此

《時間的秘密》

依然過著平凡的農家生活，沒有稱霸世界的夢想，也沒有家財萬貫的欲望。只要衣食無缺，行動自由自在，有那麼一片綠地讓他們奔跑徜徉，彼此之間充滿信任與尊重，那就是基本的澳洲精神。

——原載於 2010 年二月二十二日

《時間的秘密》

脆弱的讀者

愛麗絲・希柏德 (Alice Sebold) 的 The Lovely Bones 一書在台灣推出中文版的時候,書名硬是給取成了平凡無奇的「蘇西的世界」,這也不是不好,只是傳達不出作者想要表達的那種從死亡經驗中發現新生的驚奇和感動。其實這本書就像它的題名一樣,文字雖然平實,卻美麗深刻到極難翻譯的程度。我十分想知道中文版翻譯的成就如何,但那要等到英文版看完之後,才能去深究。

我是一個脆弱的讀者,在火車上開始看這本書,看到主角蘇西被謀殺後,其家人緊緊抱持任何一絲她可能還活著的希望,即使是在警方發現她的一塊骨頭之後,也不肯放棄,光是這一點,就足以讓我淚流滿面了,還得遮遮掩掩地擦眼淚,以免火車上的哪位善心乘客跑來問我究竟有什麼傷心事。看這本書的過程中,我哭了好多次,整個人也陷入一種莫名的悵惘情緒裡,常常在看完一段文字後,可以坐在那裡呆呆望著窗外許久,自己也不知道自己在想什麼,總而言之就是一種淡淡的憂鬱。我十分確信這不只是出於我自己的脆弱,而是因為這本書的文字實在太美,太真,也太憂傷了。

這不是希柏德的第一本書,而是她對本身經驗的延伸敘述,從一場悲劇事件開始,想像其可能對於周遭所有人的影響,穿越所有時間和記憶,歷久彌新。我們每個人都經歷過各種悲劇,就算是一輩子十分幸運的人,同樣做為人類,同樣是社會群眾的一份子,對於悲劇多少也能有所體會。我想,這本書的價值在於它能帶領我們進入書中每個主角的內心世界,讓我們學會了解、探索、憐憫、寬恕,讓我們知道人性就像植物一樣,無論在如何惡劣艱難的環境下,都堅持成長而追尋陽光。我們對於悲劇的接受能力各有不同,調解方式也不一樣,然而我們是極有彈性的生物,這份足以調解而尋求解脫的自由,便是人性的可貴。

我覺得這是一本值得在下雨天看的書,整個人躲在被窩裡,是一種

《時間的秘密》

溫暖而可以忍受的孤單，忍不住想哭的時候還可以順手抓起被單來擦眼淚，或是乾脆把整個頭蒙在棉被下，盡情把心中的憂傷悵惘全部宣洩出來。儘管最後要從被窩中爬出來，是極為艱難而捨不得的事，我們把雙腳踏在地上而站起身的那一瞬間，便也是新生活的開始。

　　所以，正如湮沒在荒煙蔓草之下的枯骨一樣，讀者的脆弱是必須的，也是難能可貴的。我們的眼淚是洗滌自我的最好方式，作者用心去寫書，身為讀者的我們便也用心去感受。到最後，兩者都可以獲得解脫和昇華。

——原載於 2010 年二月二十三日

《時間的秘密》

失而復得的非絕對性

晚上瞄了一眼電視上正在播映的《古墓奇兵：風起雲湧》(Laura Croft Tomb Raider: The Cradle of Life)，看到女主角蘿拉在月神廟中說了一句話：「任何失落的東西都注定會被找到。」(Anything lost is meant to be found.) 乍聽之下，不禁覺得這句話真有道理。仔細一想，又覺得事情好像沒有這麼簡單。

（閒話一句：我經常在電影中發現各種至理名言。前幾天走路不小心摔倒，心中立刻想到蝙蝠俠的父親在《開戰時刻》(Batman Begins) 電影中對他說的一句話：「我們為什麼會摔倒，布魯斯？因為它可以讓我們學會再站起來。」(Why do we fall, Bruce? So we can learn to stand up again.) 這是一部好電影，請大家踴躍欣賞。）

並不是所有失落的東西都能再被找到，例如記憶。記憶就算能失而復得，也和最初的實際生活經驗有所差異，因此有人說記憶只是主觀的拼湊和詮釋，而非客觀的重現。

個人對過去的記憶叫做回憶，群體對於過去的記憶則是所謂的歷史。兩者的真實性和可靠性都值得懷疑，因此我們渴望有人能發明一架時光機器，讓我們能重新回到過去檢驗事實的真相。電影《時光機器》(The Time Machine) 對於這一點進行了很強烈的辯證，男主角亞歷山大三番兩次回到過去，想要拯救意外死亡的妻子，最後卻經高人指點而發現，如果他的妻子不死，他也沒有機會發明時光機器，因此他一次又一次穿越時間的拯救行動只是確定了她死亡的必要性，充其量每次的死亡方式有所不同而已。看到這裡，觀眾對於失而復得的非絕對性便能肯定了：有些事物一旦失落，便永遠也找不回來了，任何試圖尋找的行動都只是枉然，只會更加確定失落的感覺而已。

所以我們與其創作或閱讀回憶錄，不如轉而想像並計畫現實和未來的人生目標。與其記錄歷史或將之照單全收，不如思考歷史的主觀性和

《時間的秘密》

非絕對性,進一步明瞭並珍惜現實和未來的可貴。蝙蝠俠把家傳的豪宅一把燒了,因而能重新鞏固地基,建造出高科技而舒適無比的地下堡壘。也許我們也應該如此:不小心失落了過去,就迎向未來吧!蘿拉,別浪費時間在那些古墓裡打轉了。

——原載於 2010 年二月二十八日

聯想遊戲

最近有機會和一位三歲小女生共同欣賞宮崎駿 (Hayao Miyasaki) 的經典卡通《龍貓》(My Neighbor Totoro)，看到妹妹失蹤，村裡眾人進行搜索而在池塘裡發現一隻小女孩的拖鞋時，我身邊的小女生突然冒出一句話：「看啦，那個女孩只有一隻腳！」

我仔細想想這句話，覺得它很符合三歲小孩的邏輯。既然在卡通裡只發現了一隻拖鞋，觀眾又不知道拖鞋的主人是誰，要假設穿這隻拖鞋的女孩只有一隻腳，也是很自然的事。在三歲小孩的心裡，只知道去店裡買鞋的時候總是買一雙，因為有兩隻腳。現在既然只有一隻拖鞋，需要穿它的當然也只有一隻腳囉！

我想起自己好多年前坐在車裡，隨興瀏覽窗外的街景，突然看到不遠處公寓樓頂上的一個招牌被另一棟大樓遮住了一角，以至於原本寫著「專業切割玻璃至您想要的尺寸」(glass cut to size) 的字樣竟然變成了「專業縮減屁股至您想要的尺寸」(ass cut to size) 的誘惑。我一看之下不禁大笑出來，後來仔細想想，專業整形的醫療診所也不是沒有，要為人塑身也是很自然的一件事，只不過一般人多少都用「臀部」(buttock) 這個比較文雅的字，直接在廣告招牌裡用「屁股」這個字就有些俗了。

我的生活就是這樣，一天到晚從一件事聯想到另一件事，自以為樂在其中，也不管別人會不會覺得這種行為很無聊。像我欣賞《龍貓》，每次看到毛茸茸的貓公車出現，就會想到哈利波特坐過的那輛「騎士公車」(knight bus)，兩者都可以四處穿梭，所有擋路的事物都得讓道，兩者也都是一般人所看不到的。也許作者 J.K. 羅琳 (J.K. Rowling) 在創作哈利波特系列以前曾經看過《龍貓》？

此外，讓哈利波特心醉良久、一再使用的意若思鏡 (The Mirror of Erised)，和《紅樓夢》裡的風月寶鏡又有什麼不同？兩者都可以顯示出使用鏡子的人心中的渴望，道德意味濃厚。也許哈利波特的運氣只不過

比賈瑞好一點,沒有太過沉迷於鏡中呈現的影像而喪失自己的生命。

我在回味史蒂芬・史匹柏 (Steven Spielberg)導演的《世界大戰》(War of the Worlds) 這部電影時,每次看到男主角和女兒被外星人的戰爭機器抓到,囚禁在有如具備三隻腳的巨型水塔的機器「腹部」的一個籠子裡,和其他被逮的人一同抗拒準備抓他們去「榨汁」的機器怪手時,明明是萬分緊張血腥的場景,我卻總是會捧腹大笑,不能自禁。

我總是會想到《玩具總動員》(Toy Story) 裡的警長伍迪和巴斯光年,在進入抓娃娃機器後,和一群三隻眼的外星人玩偶溝通的場景。巴斯光年問他們:「這裡由誰當家?」所有的小外星人都向上指著,用又敬又畏的聲音唸誦:「是那怪手啊!」一個小外星人說:「怪手是我們的主宰。」另一個說:「主宰決定誰可以上天堂,誰又得留在世上。」還有一個外星人在被怪手抓住以後,一面冉冉往「天堂」升去,一面向其他人道別:「主宰選上了我!再見了,朋友們。我要到一個更好的地方去了!」

玩具們以為由人類操縱的機器怪手是神,無法抗拒,而人類卻要掙扎逃離由外星人控制的機器怪手,要主宰自己的命運,爭取自由。這其間的對比意義是很明顯的。也許史匹柏在導演《世界大戰》這部電影以前,也曾經看過《玩具總動員》?

我最喜歡的聯想遊戲出於《瓦力》(WALL-E) 這部電影。我想,沒有觀眾在聽到機器人瓦力充電完畢、重新開機所發出的聲音時,不立刻聯想到麥金塔電腦的音響效果,而發出會心一笑吧?至於公理號太空船艦長和中央探測儀在電影結束前的那場搏鬥,迫使胖得不可收拾的艦長終於掙扎站了起來,其間的配樂當然也必須是因為《二〇〇一年太空漫遊》(2001: A Space Odyssey) 這部電影而轟動全球的〈查斯圖斯特拉如是說〉(Thus Spoke Zarathustra) 囉!這是一個人所跨出的一小步,卻是對全人類的前途影響深遠的一大步。

寫到這裡,不禁覺得電影製作還真難,想要拍完整部電影而完全不給觀眾任何自由聯想(或像我一樣胡思亂想)的機會,就必須具備自始至終與眾不同的獨創性,這是一項多麼艱鉅的挑戰啊!

《時間的秘密》

——原載於 2010 年三月四日

冰雹的故事

　　下午去店裡買了一些晚餐要用的食材，眼看著烏雲逐漸遮蔽天空，頗有「山雨欲來風滿樓」的陣勢，便加快回家的腳步。剛進廚房，才開始把食材放進冰箱，就聽到庭院裡傳來奇怪的聲音：這裡「砰」地一聲，那裡又「砰」地一聲，從窗口張望出去，又看不見任何可能製造噪音的事物，只有陰暗天色之下的滿庭花草。

　　這種感覺就像是站在一片廣場上，四周沒有人跡，一片空曠，只有高樓環繞。然後不知道從哪裡傳來一聲槍響，然後又是一聲，你驚慌地四處張望，不知道狙擊手躲在哪一棟樓的哪一扇窗口裡，更不知道哪一聲槍響之後的瞬間，就是你生命的終結。槍彈會擊中你的哪裡呢？你會感受到自己頭部或胸腔的爆裂嗎？你的一生突然在眼前快速閃過，你發現自己還沒有向最親愛的人道別。他或她會想念你嗎？

　　我還在胡思亂想，第一枚冰雹就落在陽台上了，反彈起來擊中廚房的玻璃窗，然後滾落到陽台一角，尺寸足足有檸檬那麼大。在幾秒鐘之內，零星的砰砰聲急速轉變成連續不斷的擊鼓聲，然後變成連綿不斷、震耳欲聾的鞭炮聲，大粒的冰雹如雨點落下，聲勢驚人，陽台的地面逐漸變成一片白色。那一粒粒冰彈從距離地面幾千公尺的高空落下，時速總有一百多公里，足以打折像孩童手臂那樣粗的樹枝。庭院裡有一棵歷史悠久的玉蘭樹，翠綠的葉片有磁盤那麼大，此刻在冰雹的摧殘下，半數的枝葉已經墜落，剩下的也殘損凋零。

　　屋頂上的鐵皮老舊，迎風的那一面已經被冰雹打穿了幾個洞，大雨來的時候便漏水了，屋裡屋外的雨勢差不多大，地面也淋漓不堪。我急著把書架上的幾千本書搬到安全乾燥的地方，每拿一本書，心中就浮現獲得這本書的經過，書的內容反而要仔細思考一番，才會在腦中浮現。這本書是一位好友送我的，如今已經許多年沒有聯絡。那本書是在一家二手書店找到的，只花了五塊錢，回家以後看得心滿意足。還有書架角

《時間的秘密》

落這本已經被雨水打濕的書，我每次離家旅行時都帶著，在異鄉夜深人靜的時候點一盞孤燈，一遍又一遍回味著書中的文字。如果書是人的靈魂，那我的靈魂便有幾千種面目。

如今我的面目正面臨冰雹的打擊，然而我以為自己是幸運的。晚間新聞裡報導了市區受到暴風雨摧殘的消息，打在我家屋頂上的冰雹是檸檬的尺寸，落在市區各處的冰雹卻足足有網球那麼大。週末帶著孩子到市區遊玩的許多家長，面對冰雹的來襲而措手不及，情急之下用自己的身體擋住孩子不受到傷害，在及膝深的積水中掙扎著帶孩子到安全的角落避難。許多人因為受到冰雹打擊而流血、瘀傷，有的車窗玻璃打穿了好幾個洞，車體也像高爾夫球一樣坑坑疤疤，火車、電車都停駛了，不知道有多少人回家的行程就此中斷，連在那田野裡吃草漫步的牛羊馬群也遍體鱗傷。電視螢幕上的記者撐著一把傘，他可是站在電視台的大樓裡。

冰雹停了，大雨卻下了一整晚。我看著屋子裡四處堆積的書，不禁苦笑，不知道雨什麼時候才會停，總得把屋頂的破洞修好，才能安心地把書放回架上。我當初為什麼要擁有這麼多書呢？不是給自己找麻煩嗎？哎，沒有書，我這棟房子其實連千瘡百孔都不如呢。

——原載於 2010 年三月七日

《時間的秘密》

生存必要的三本書

　　很久以前在哪裡聽過一個有趣的問題，大意是：如果你必須拋下所有而遠走避難，只能帶一本書，你選擇的會是哪一本？我自己想了很多年，終於有了答案，卻一直不覺得有必要把這個答案和別人分享，因為每個人的選擇都不一樣，不必去強調哪一本書比較重要。

　　後來我果真有了離家避難的需要，所有的家當都容易收拾，也可以放棄，只有書架上的幾千本書讓我難分難捨，算是除了家人平安以外的第二心願，希望這些書都能順利逃過一劫。我打包了自己選擇的一本書，左思右想了半天，實在捨不得就此離去，回頭打開行李箱把一套必備的換洗衣物拿出來，又有空間裝進兩本書。

　　我就這樣帶著三本書去逃難，後來很幸運地又有機會返家，看見庭園依舊，家人和自己也都健康安全，不禁鬆了一口氣。把這三本書又從行李箱裡拿出來的時候，我撫著它們的封面，一頁又一頁地翻著內文，不知道自己究竟是聰明還是痴傻。我已經讀過這些書許多次，內容熟記在心，就算真的失去了它們，總也可以再買。那麼我為什麼要這樣心心念念地帶著它們，確保它們平安無事？難道它們代表了我個性中的什麼特別之處，因此我對於這三本書的選擇，便是我想要在這人生中達成的目標？

　　如果真是這樣的話，那麼有些人可能會覺得我的人生走向乍看之下還挺令人擔心的。

　　我選擇的第一本書是史蒂芬‧金 (Stephen King) 的《末日逼近》(The Stand)。這部小說描述人類在國家社會被傳染性病菌徹底毀滅之後的重生經過，最普通的人為了追求理想可以勇者無敵，最必須戰勝的敵人也只有自己，因此善與惡之間的對抗只是人性的各種體現。書中特別針對一個社會的誕生和發展做了極深刻的剖析，例如規範的形成和實踐，道德的脆弱性和必要性，以及個人為了群眾福利所必須做的犧牲和

堅持。與其說這是一部恐怖小說，不如說這是一本社會和人性發展史。

我選擇的第二本書是湯瑪斯・哈里斯 (Thomas Harris) 的《人魔》(Hannibal)。這部驚悚小說的男主角漢尼拔・雷克特 (Hannibal Lecter) 雖然是殺人兇手，卻也是極吸引人的一位反派英雄，有格調，有品味，對於人性的觀察淋漓盡致，自我內心也有惡魔需要抗拒。女主角克蕾瑞思・斯達林 (Clarice Starling) 從當初的年輕敏感變成如今的歷盡滄桑，對於工作的熱情奉獻也轉變成對於人性醜惡的深切體會，她在書末的選擇看起來是徹底失落之後的瘋狂，事實上卻是極為聰明的一條路。這是兩個聰明人彼此追尋、互相實現的故事，文字更是優美到極點。

我選擇的第三本書是柯琳・瑪佳露 (Colleen McCullough) 的《刺鳥》(The Thorn Birds)。這是個史詩般的愛情故事，記錄了一個澳洲家庭的成長和轉變，也深刻描述了普通人性和宗教神性之間的掙扎。女主角瑪姬・克利里 (Maggie Cleary) 對於生命的熱愛和執著是不容忽視的，為此，她寧可向神挑戰，也願意放棄一切以追求自己的人生目標，而在此追求的過程中得到滿足。相較之下，做為男主角的雷夫・布萊卡薩神父 (Father Ralph de Bricassart) 對於神性的追求卻彷彿是對於人性的否定，在野心勃勃地達成自己的人生目標之後，才發現自己的生命是空虛的。這是一部深入探討宗教意義的小說，而愛情也是一種宗教。

如果是你，會選擇哪三本書呢？分享出來給大家參考，好不好？

——原載於 2010 年三月十日

「情谷底我在絕」的繆思

話說小龍女躍入絕情谷之後，終日思念楊過，又不知道如何能聯絡上他，只好在千百隻蜜蜂的翅膀上用針劃下「我在絕情谷底」六個小字，讓牠們在谷裡谷外四處飛翔。也許哪一天楊過看到哪隻蜜蜂身陷蛛網，會念在舊日和小龍女的情意而出手解救，也許便會因此而發現蜜蜂翅膀上的細字，而到絕情谷來和她相會。

又話說楊過沒有看見這些奇特的蜜蜂，黃蓉卻發現了這些字，只是乍看之下把六個字的順序唸顛倒了，變成「情谷底我在絕」。也幸虧黃蓉天賦聰慧，立刻發現正確的順序是「我在絕情谷底」，於是帶了一批人到絕情谷裡勘查，這期間和後來發生了什麼事，全世界的華文讀者都很清楚。

我最近在讀哈利波特的時候，突然想到了《神鵰俠侶》的這段著名情節。哈利波特在霍格華茲魔法學校 (Hogwarts School of Witchcraft and Wizardry) 裡發現了「意若思鏡」，可以在鏡中看見自己死去已久的父母親，因而惆悵留戀，不能自己。校長鄧不拉多 (Dumbledore) 發現這件事以後，特別警告哈利，意若思鏡只能顯示出個人心中最深處的渴望，對現實生活的境遇抉擇卻絲毫沒有幫助，因此看多了只有百害而無一益。

意若思鏡的英文是 Mirror of Erised，這其中的奧妙在於 Erised 這個字其實是渴望 (Desire) 這個字的顛倒寫法，巧妙地運用了鏡子能呈現左右顛倒影像的道理，至於鏡子上方寫的那個怪異的句子 Erised stra ehru oyt ube cafru oyt on wohsi，左右顛倒過來看，便是「我顯示的不是你的臉，而是你心中的渴望」(I show not your face but your heart's desire)。這是作者的巧思，也是英文寫作的好玩之處，和「情谷底我在絕」頗有異曲同工之妙。

我所讀過的另外一個類似的例子，是史蒂芬‧金 (Stephen King) 於

《時間的秘密》

1977年出版的著名恐怖小說《鬼店》(The Shining)。書中的主角們不斷在鬼店的鏡子上看見REDRUM這個字，卻一直不知道是什麼意思，直到男主角發瘋，拚命追殺妻子的時候，她才領悟REDRUM這個字其實是MURDER（謀殺）的顛倒寫法，一面要救自己的性命，一面還得擔心兒子的安危。這個謎團縱貫全書，到接近結尾的時候才顯出答案，讀者提心吊膽至此才恍然大悟，卻又毛骨悚然。

更嚇人的是，這部小說由導演史丹利・庫布力克 (Stanley Kubrick) 於1980年改編成電影，喪心病狂的男主角由大明星傑克・尼克遜 (Jack Nicholson) 飾演，使這部電影成為有史以來最恐怖的電影之一。庫布力克在電影中改變了不少情節，安排具有超自然能力的小男孩丹尼不斷看見各種幽靈，鏡子上的REDRUM這個字也是他用媽媽的唇膏寫的。隨著電影情節的發展，丹尼發現爸爸的行為越來越怪異，自己也開始魂不附體，他用嘶啞的聲音不斷唸誦著REDRUM這個字，眼睛直直地瞪著什麼方向，觀眾看到這裡，簡直已經被恐怖的氣氛完全攫住了。男主角追殺兒子的那幾幕，看得更是要讓人神經崩潰。

古往今來，許多文學作品和電影都曾經用鏡子的意象闡述人性。有人分析《鬼店》這部電影，指出男主角每次看見鬼魂的時候都是在鏡子裡，因此鬼店裡的各種超自然活動其實都是他內心的幽靈作怪。然而男主角的妻子和兒子所看見的鬼魂卻不是在鏡子裡，因此開始讓觀眾懷疑鬼店是不是真的鬧鬼，這是導演庫布力克的存心模糊界限，使相信和不信鬼魂的觀眾都能得到滿足。

你是不是也想到了其他使用鏡子意象的文學作品和電影？提出來和大家一起分享、學習，好不好？

——原載於2010年三月十六日

《澳大利亞》觀後感（一）：夢幻現實

最近終於有機會欣賞慕名已久的電影《澳大利亞》(Australia)，這部於 2008 年發行的電影在台灣可能不是最轟動的，但是許多人可能都聽過導演貝茲·勒爾曼 (Baz Luhrmann) 的大名。

勒爾曼之前的作品包括 1996 年發行的《羅蜜歐與茱麗葉》(Romeo + Juliet) 和 2001 年發行的《紅磨坊》(Moulin Rouge!)，應是台灣觀眾耳熟能詳的，然而其第一部電影《舞國英雄》(Strictly Ballroom) 早在 1992 年發行，大家可能就比較陌生了。這三部電影經常被稱為勒爾曼的「紅幔三部曲」(The Red Curtain Trilogy)，原因約莫是電影中大量用到的紅色布幕吧。

勒爾曼的母親是一位國際標準舞教師和服飾店主人，父親是農夫，夫妻倆在澳洲新南威爾斯州北部的一個小鎮上經營加油站和戲院，對勒爾曼的成長過程造成相當大的影響。勒爾曼的電影作品有非常強的戲劇性，有時候甚至像舞台劇那樣直接而誇張，許多主角都是衣著光鮮，絢爛迷人，整體的製作場面也很大。

更值得注意的是，勒爾曼善於用音樂敘事，例如《羅蜜歐與茱麗葉》中兩位年輕主角隔著大水族箱探索彼此的那一幕，以及《紅磨坊》中男女主角的幾次深情對唱，除了透過音樂來襯托情節和心情的轉換之外，也成功地賦予流行音樂嶄新的生命。

勒爾曼作品的另一個特色是極強的夢幻寫實手法，無論是《羅蜜歐與茱麗葉》、《紅磨坊》或最新的《澳大利亞》，明明是實際無比的情節，給觀眾的感覺卻是像夢境一樣抽象而炫美。

《澳大利亞》的開場從一位澳洲原住民小男孩的角度來觀察一場謀殺。由於 1939 年的澳洲還盛行「白澳政策」，政府以「文化融合」為名而強行帶走許多原住民的孩子，讓他們在白人家庭和教會的影響之下長大，因而失去自己的族群和文化，這也就是所謂「被偷走的一代」(The

Stolen Generation) 的歷史傷痕。這位小男孩為了躲避白人而潛到池塘底部，透過綠色晃蕩的水波觀察水面上的世界，這本已極不真實的意象突然被一位被謀殺而落入池塘的白人打斷，隨著水色的逐漸染紅，有那麼一瞬間，白人屍體和原住民小男孩在水底相對，這個意象充滿了詭異的衝突，卻又美麗到令人毛骨悚然，是電影中最令人難忘的幾幕之一。

電影中如夢似幻的另外一幕，是日軍於 1942 年二月十九日對澳洲北領地達爾文市 (Darwin) 進行的大規模轟炸。當時原住民小男孩已經被送到達爾文市北方的一個小島上接受白人牧師的教育和管理，他的祖父，一位神秘而充滿智慧的原住民長老，也被關在白人治理的監獄裡。當日軍的兩百四十二架轟炸機投下無數炸彈，幾乎把整個市區在極短時間之內變成一片斷垣殘壁的時候，原住民長老從半毀的監獄中走出來，他蒼老而深邃的雙眼注視著四周的巨變，火焰在他身邊飛騰，爆炸聲震耳欲聾，然而他只是那樣平靜地看著這一切，彷彿見證著澳洲原住民在過去兩百多年以來所經歷過的無數強權侵略，他們的生存毅力，看似不堪一擊而事實上卻是堅決百忍的民族性。

有人以為電影的重要功能（也是足以判定電影優劣的準則）之一在於暫時中止觀眾對於非現實的不信任感 (suspension of disbelief)。觀眾在欣賞電影時如醉如痴，全心投入電影中虛構的事件和心理，而在電影結束時回歸現實生活的喜怒哀樂，愛怨情仇，彷彿從另一個世界歸來。

如果從這個角度來看，則如《澳大利亞》一類的電影精心構建了個虛擬世界，其奠基於現實生活中的悲歡離合，又增添了多重絢麗多姿的夢幻色彩，使原本虛擬的情境變得更抽象，使觀眾在電影結束之後，因為想像力的雀躍激發而能產生面對現實的信心和勇氣。儘管對於非現實的不信任感並不能保證對於現實的無條件接受，至少在這轉折過程之間，觀眾能因為想像力已經有所馳騁而心滿意足。

——原載於 2012 年三月二十二日

《澳大利亞》觀後感（二）：大眾化的史詩

電影《澳大利亞》(Australia) 討論的議題是嚴肅的，其中包括種族歧視、階級抗爭、男女平權、以及一個還算年輕的國家如何應對各種由外來強權和內在勢力集團所造成的挑戰。電影中的故事主要發生在澳洲北領地的達爾文市 (Darwin)，從女主角於 1939 年抵達澳洲，到 1942 年的日軍大轟炸。其中牽涉到的人物包括了對澳洲完全不了解、卻依然具有殖民者心態的英國上流階級，已經在澳洲生根發展、野心勃勃地試圖建立霸權的大地主，艱苦生存、以土地為家、卻也懂得及時行樂的平民小百姓，以及備受歧視欺凌、卻總是保持尊嚴的澳洲原住民。女主角莎拉‧艾須理 (Sara Ashley) 由近年來紅透半邊天的澳洲女星妮可‧基嫚 (Nicole Kidman) 飾演，做為男主角的牧牛人 (The Drover) 則由英俊瀟灑到令人難以呼吸的澳洲男星修‧傑克曼 (Hugh Jackman) 飾演。

有人以為這部電影可以算是澳洲版本的《亂世佳人》(Gone with the Wind)，雖然故事發展期間只有短短四年，各個主人翁之間的愛恨情仇、悲歡離合，卻足以交織成一部可歌可泣的史詩。其實史詩的焦點除了歷史變遷及其對社會文化的影響之外，更為注重小人物生活的起伏轉變，從平凡人的經驗透視大時代的動盪不安，用一般人的眼光和談論，映射後人對史事的判斷與評價。史詩如果沒有小人物的存在便不足以成為史詩。所謂的歷史 (history)，其實也不過是小人物的故事 (his story)。

電影中的女主角莎拉從剛開始對澳洲的全然陌生，到後來的深深愛上這塊瑰麗偉峻的寬廣大地，這心態轉變與其說是她和牧牛人之間戀愛的結果，不如歸功於她和原住民小男孩納拉 (Nullah) 的深厚友誼。莎拉自己不能生兒育女，目睹澳洲白人社會對原住民的種種歧視欺凌，心有不平而挺身予以保護。她和納拉之間有母子般的情感，在種種事件的挑戰磨練之後更從納拉那裡學到了如何珍惜土地，如何從大自然那裡攝取生存的基本力量，如何追尋並捍衛自由，如何面對艱難窘迫的挑戰而依

然保有孩童般的純真之心。莎拉的轉變，象徵了新一代澳洲人的形成，他們不再眷戀英國所謂「古老優越」的傳統，而願意踏實地在澳洲發展屬於自己的新生活、新天地。他們的眼光是澳洲式的，他們的夢想也是澳洲所特有的。

牧牛人是個典型的澳洲好漢，有西部牛仔的率性滑稽，更有流浪漢的智慧和滄桑。他和原住民之間有深厚的情誼，因而被其他白人排斥，鎮日在山野之間過著自由自在的牧牛生活，不受任何人管轄約束。儘管如此，他的生命中有兩個放不下的人，一個是莎拉，另一個則是原住民小男孩納拉，他們讓他體會到生命的美好和值得珍惜，也學會了「常理不見得就是真理」的教訓 (Just because that's the way it is, doesn't mean it should be)。他在面臨自由和愛情之間的兩難抉擇時，謙遜地聽從了原住民朋友的勸告：如果一個人心中沒有愛，則他的生命中也沒有歌。這份愛不只是個人的私愛，更包括了對於同儕的大愛，因此他願意冒著生命危險出海去搜尋納拉，也救了其他白人和原住民的孩子。

小男孩納拉的父親是白人，母親是原住民，這樣的身分在白人眼中比純粹的原住民還不如，甚至連他自己的父親都瞧不起他。儘管如此，納拉從自己的母親那裡學到尊嚴，更從愛護他、照顧他的莎拉那裡學到自由，他的純真和雀躍的想像力固然來自於孩童的本能，卻也出於他做為原住民的血性和傳統。無論他如何受盡欺凌，甚至被白人強迫離開家園，他始終相信莎拉和牧牛人會來拯救他，因而保持自己清亮的歌聲和夢想。他看似柔弱卻堅韌無比的生存力量給予身邊所有人奮鬥的希望。

至於電影中的大反派尼爾・富雷卻 (Neil Fletcher)，苦心積慮地想奪走莎拉的農場，不惜犯下謀殺的罪刑，以換取所謂的名望和地位。他是那個時代和環境的犧牲品，在一個年輕而充滿野心的國度裡，選擇了錯誤的方式來讓自己出人頭地。他同時也和納拉一樣是種族歧視的受害者，終其一生提心吊膽，只怕別人知道納拉是他的私生子，連功成名就都不能讓他快樂。這樣的生命，見證了歷史錯誤的一步，他終究也用自己的生命付出了代價。

也許有人覺得這些平凡人的生命故事有些俗氣，然而這正是史詩之

《時間的秘密》

所以感人的原因,也是冷硬無情的歷史之所以能大眾化的力量。嚴肅的議題不一定要用嚴肅的方式來探討。觀眾在看電影的時候潸然淚下,這眼淚也許煽情,感覺起來卻依然溫熱,其代表的內心感動也依然是深刻的。

——原載於 2010 年三月二十三日

《澳大利亞》觀後感（三）：向好萊塢致意

電影《澳大利亞》(Australia) 在世界各地上映時受到觀眾們的熱烈迴響，唯獨在美國票房不佳，或許也因而沒有獲得大多數台灣觀眾的青睞。有趣的是，導演貝茲・勒爾曼 (Baz Luhrmann) 的前三部作品也曾經面臨同樣的命運，無論是 1992 年發行的《舞國英雄》(Strictly Ballroom)、1996 年發行的《羅蜜歐與茱麗葉》(Romeo + Juliet)、還是 2001 年發行的《紅磨坊》(Moulin Rouge!)，都是在剛上映的時候表現不佳，後來才慢慢振作起來。

儘管如此，勒爾曼向好萊塢致意的姿態是很明顯的，這與其說是為了打入美國電影市場而刻意討好美國觀眾，不如說是澳洲的藝術作品已經成長茁壯到有能力向好萊塢擠眉弄眼的程度。所謂「擠眉弄眼」不是調侃，更不是調情，而是一個友善的眨眼 (wink)，好像在說：「嘿，你看，我也來囉！咱們熱絡熱絡吧！」透過這個善意的問候，勒爾曼有意創造一個新天地，邀請全世界已經習慣於好萊塢式電影風格的觀眾進入，體驗並了解其他可能的電影製作方式。在這個新天地中處處可以看見好萊塢電影的影子，然而它們的重新組合和詮釋卻讓觀眾有耳目一新的感覺。

比方說，《澳大利亞》電影一開場，1939 年的澳洲北領地達爾文市 (Darwin) 看起來簡直就像西部片的一個場景，眾人一言不合便大打出手，翻倒桌子，砸碎酒杯，把對方從窗口扔出去，自己也被一拳打飛到門外。身手矯健的牧牛人由澳洲大明星修・傑克曼 (Hugh Hackman) 飾演，看起來居然頗有幾分克林・伊斯威特 (Clint Eastwood) 的影子。牧牛人後來和農場女主人一同穿山越嶺趕牛，險峻奇特的山區形勢令人想到美國西部的峽谷地勢，有幾幕簡直就是《斷背山》(Brokeback Mountain) 的翻版，牧牛人躍馬的精神和姿態也令人想到《來自雪河的人》(The Man from Snowy River)。（作者註：這部電影雖然是澳洲的

經典名作,其中卻有美國巨星寇克・道格拉斯 (Kirk Douglas) 的參與,因此也是美國觀眾耳熟能詳的作品。)至於由澳洲著名女星妮可・基嫚 (Nicole Kidman) 飾演的農場女主人和牧牛人共同縱馬奔馳的一幕,和電影《遠離家園》(Far and Away) 頗為神似,只不過身邊的男主角比湯姆・克魯斯 (Tom Cruise) 更英俊瀟灑而已。

牧牛人在戶外沖澡那一幕,擺明了就在向 1995 年由英國國家廣播公司 (BBC) 製作的電視影集《傲慢與偏見》(Pride and Prejudice) 中的那位在河中沐浴的達西先生 (Mr Fitzwilliam Darcy) 挑戰。這部影集對英國作家海倫・費爾定 (Helen Fielding) 的影響很大,因此創作《BJ 單身日記》(Bridget Jones's Diary,1996 年)以及續集《BJ 單身日記:理性邊緣》(Bridget Jones: The Edge of Reason,1999 年,不知道為什麼台灣會翻譯成「男人禍水」),後來改編成電影,男主角由當初在《傲慢與偏見》中飾演達西先生的科林・佛爾斯 (Colin Firth) 擔綱,在美國很受歡迎。

至於《澳大利亞》中的農場女主人,無論是對於原住民的照顧及其權益的捍衛,對於大自然種種艱難挑戰的勇於面對,對於男女社會階層差異的挑戰(甚至是挑釁),還是對於愛情的無懼追求,在在令人想到 1985 年發行的《遠離非洲》(Out of Africa) 這部電影中的凱倫・白列森 (Karen Blixen)。基嫚的演技當然比不上梅莉・史翠普 (Meryl Streep) 那樣老練精湛,傑克曼和勞勃・瑞福 (Robert Redford) 所能表達出的英俊深情也各有千秋,然而這兩對情侶(農場女主人和牧牛人,以及凱倫和丹尼斯)都是在親近大自然的過程中認識彼此,也進一步認識了自己,因而愛上對方,之後也都面臨了自由和愛情之間的抉擇。

最後,《澳大利亞》向好萊塢最明顯的致意,應該是對於 1939 年發行的電影《綠野仙蹤》(The Wizard of Oz) 裡的那首著名的〈彩虹彼端〉(Over the Rainbow) 的反覆引用。農場女主人為了安慰原住民小男孩喪母的悲傷而說起《綠野仙蹤》的故事,沒想到澳洲人一向便喜歡稱自己為 Aussie,和歐茲國 (Oz) 這個人間仙境的名字互相應和,而澳洲原住民創世紀傳說中的彩虹蛇 (Rainbow Serpent) 也像〈彩虹彼端〉這首歌一

樣,是真善美的象徵。

　　電影中,原住民小男孩極專注地看著銀幕上的茱蒂・葛蘭 (Judy Garland) 唱這首歌:「彩虹彼端的某處,在高高的天空裡,有我曾經在搖籃曲中聽見的一片土地。彩虹彼端的某處,天空是湛藍色,你有勇氣夢想的所有願望都終究會實現。」小男孩心中的唯一願望便是快樂地生活在農場上,有爸爸(牧牛人)和媽媽(農場女主人)陪伴,有朝一日更能和身為原住民長老的祖父一起四處遊蕩 (walkabout),讓精神和肉體接受自然山水的洗禮與鍛鍊。正因為這個夢想,他在被眾人欺凌的時候依然能抬頭挺胸,被白人牧師強行帶到教會孤兒院的時候也不放棄希望,即便是在海外的小島上受到日軍轟炸,他還是信心十足地相信爸爸媽媽會來拯救他。而當牧牛人終於找到小男孩,帶他回到達爾文市的港口時,他幽幽地吹起口琴,正是那一曲〈彩虹彼端〉,農場女主人在一片斷垣殘壁中失意遊蕩的時候剛好聽見,一家人得以團聚。這個結局後來雖然又經過一番轉折,基本上卻是澳洲夢的體現,只要人和土地都平安,一切便都已足夠。什麼宏圖霸業、功成名就的野心,都不是很重要了。

　　　　　　　　　　　　　　　——原載於 2010 年三月二十四日

《澳大利亞》觀後感（四）：文化難以跨越

　　從一部電影可以產生這麼多觀感，囉哩囉嗦地討論了一大串，證明了只要有心看電影，也可從中學到許多寶貴的知識和教訓。儘管如此，《澳大利亞》(Australia) 在美國票房的失利，除了其本身呈現的方式比較別出心裁、和好萊塢式的單刀直入很不一樣之外，多少也顯示出特殊文化題材在跨越國界時所可能面對的難關。

　　每個國家都有獨特的文化發展和特色，從歷史書中可以學到一些，透過大眾媒體（包括電影和文學）也可以略知一二，然而如果要真正深入了解，就不是那麼容易的一件事了。以《澳大利亞》這部電影而言，觀眾在驚嘆於澳洲北領地 (Northern Territory) 雄奇健偉的地勢、特殊的自然生態、原住民文化的深邃莫測、以及男女主角之間的動人愛情故事之外，究竟又能增添什麼對於澳洲的知識？又或者，觀眾在看電影的時候以滿足感官娛樂為重，何必在觀賞期間和之後去探索一些有的、沒有的東西？

　　電影中的女主角是來自英國的上流階級，在抵達澳洲以後，便由牧牛人開著卡車護送到丈夫的農場。車程期間，她看到窗外飛躍的大群袋鼠，驚嘆於牠們充滿了力與美的動作，襯著廣闊平坦的原野，令她心曠神怡。然而這片美景卻被一聲槍響打斷了，牧牛人的原住民朋友把袋鼠的屍體拖上車頂放著，整輛卡車看起來搖搖欲墜，配上女主角驚駭到說不出話來的臉，牧牛人一面翻白眼、一面覺得女主角小題大作的表情，還有卡車頂上安穩坐著的原住民，車窗上滴下的袋鼠鮮血，充滿了不協調的諷刺，也彷彿在告訴觀眾：這就是澳洲，除了各種觀光美景之外，人總是要過真實生活的。你喜歡也好，不喜歡也罷，我們的日子還是照常過，就像大漠原野上的日出日落，沒有什麼奇怪的。

　　導演貝茲・勒爾曼 (Baz Luhrmann) 運用各種手法挑戰並調侃觀眾對於澳洲的各種誤解和偏見，比方說許多人以為 1939 年的澳洲還是當初英

國流放囚犯的那塊殖民地,又認為澳洲全境充斥惡名昭彰的「白澳政策」(White Australia Policy) 而使亞洲人和原住民的生活苦不堪言,這些看法都在電影中以戲劇化的場面呈現,又透過各個主角的多種言行魅力而受到顛覆。嬌生慣養的女主角儘管在農場上學會吃苦耐勞,卻依然保有一派天真,在趕牛的時候像個小孩一樣神氣地揮舞手臂,為原住民小男孩唱歌、說故事的時候則充分顯示出對於單純和童歡的嚮往。牧牛人看起來粗野蠻橫,對於原住民妻子卻不忘情,更珍惜並尊重原住民的文化傳統,願意犧牲一己的權益來捍衛,更誠懇地接受原住民的教誨。富有的大地主看起來無情、貪婪而冷酷,行事卻講理公平,輸贏是非分明,不肯作弊。原住民小男孩看著母親為了保護他不被白人帶走而在自己身前溺死,又受到白人父親的欺凌,對於白人的看法卻不至於以偏概全,對於自己原住民的身分也更加珍惜而不卑屈。就連那每天煮飯洗碗的中國廚師,在工作時也是和眾人平等的,他的寥寥幾句話雖然帶有滑稽的色彩,往往卻能點出各種衝突和紛爭的解決關鍵。

勒爾曼對於澳洲原住民文化的表述,很明顯地注入了一種神秘色彩,這與其說是為了迎合美國觀眾對澳洲這塊南方大地歷時已久的誤解,不如說是反映了 1930 年代的原住民在澳洲的處境。當時的澳洲建國不到四十年,國家意識還在成長階段,一方面追求獨立民主,一方面卻也不能忘情英國傳承已久的貴族文化和利益。在這樣矛盾的社會情結之下掙扎生存的不只是原住民,更包括了在澳洲土生土長的所謂「新澳洲人」(New Australians),他們的情感是赤裸而不避諱的,他們對於世事的看法也是尖銳而不留情的,因此而產生了許多不可避免的衝突。澳洲白人一方面試著以自身的文明標準「感化」原住民,一方面卻對他們的文化完全不了解而心生畏懼,不僅將之神異化,更將之妖魔化,以鞏固自我宗教信念的地位。

所謂「被偷走的一代」(The Stolen Generation) 是澳洲深切的歷史傷痕,也是全體澳洲人所無法忘懷的歷史教訓。多年來原住民和少數有見識的白人努力推動種族平等,到了 2008 年,澳洲總理陸克文 (Kevin Rodd) 終於代表全國向原住民道歉,為過去各屆政府缺乏正義和同情的

《時間的秘密》

各種社會文化政策表達遺憾之意,這是對於原住民地位和權益的肯定,卻也表彰了澳洲政府在協助促進社會文化和諧方面的有待繼續努力。今日的澳洲人看《澳大利亞》這部電影,不免覺得電影中對於原住民的神異化有些誇張,然而這代表了今日澳洲人對於文化平權的理解和重視,回顧歷史,在好笑於種種愚蠢無知行為的同時,更進一步心生警惕而自我砥礪。至於慣於神異化或妖魔化美國原住民的好萊塢,在看到《澳大利亞》這部電影時,是否也會反省許多美國電影和電視影集對於印第安人文化表述的有欠公平?這個問題,也許只有美國的電影評論人士才能回答了。

——原載於 2010 年三月二十五日

《時間的秘密》

賣書半日記

　　最近參加了一所澳洲國小的園遊會，義務幫忙主持二手書攤的業務，學到了不少東西。記得大學畢業的時候，同年齡的朋友們（尤其是女性）構思創業，多半都考慮過開書店、花店或咖啡店，我自己沒有那份聰明才幹和機遇，沒想到卻在多年之後獲得一次賣書的經驗，實在是過癮。

　　因為是幫學校募款，所有的二手書都是由家長樂捐的，全校四百多位學生的大家庭，湊起來也有幾千本書，大部份的書況都不錯。我花了一星期的時間好好地把每本書檢視過，做了簡單的清理，印刷絢麗的大本藝術書籍和精裝的小說標價高些，平裝作品和頗有一把年紀的書便標價低些，給孩童和青少年看的書則特別便宜，只希望能賣得多些，一方面能多籌些錢，一方面也算是把好書介紹給大家。

　　孩童和青少年好奇心強，讀書的替換率高，因此有許多書看起來都是全新的。許多軍事、驚悚和法律類的暢銷小說也大量出現，還有許許多多的羅曼史，大本大本地像磚頭一樣堆著，反映了讀書人一旦眷顧以後就不再回頭的心理。其實好故事的定義最難，每個人讀書的習慣也千奇百怪，各有不同，有的人一本書只讀一次，有的人卻願意回味再三，難分難捨，因此沒有人能單純根據二手書的類別和書況來判定其是否為一本好書。只不過，做為一個以文字維生的人，看見這許多書都在還不錯的狀況下被主人捐出來，以定價四分之一或更低的價格出售，總是會覺得不捨。文字似乎是越來越低廉了，作家之路想必也會更難行。

　　儘管如此，把這些書一本本細心在書架上排好的時候，心中還是有種君王般的驕傲感，好像自己是全世界最富有的人，每一本書裡的每個字都身價千萬，只等著有緣人來攀親結貴，再由我用雙手捧著嫁出去。果不其然，書攤還沒開張，就有許多年紀較大的愛書人在四周探頭探腦地張望，先把自己喜歡的書物色好，到時候從書架上一把拎下來，付了

《時間的秘密》

　　錢就可以走人。他們讀書的經驗豐富，知道自己想要的是什麼，對於各類書籍的喜惡判定也已經根深蒂固，願意花錢買自己心儀的作品，卻也極少跟著暢銷潮流走。

　　年輕的讀者和家長們到得較遲，在書攤各處逗留的時間卻也較長，一本本的書在手中翻閱、檢視，總得找到內容、書況和價格都令人滿意的作品，才肯心甘情願地擁有。也許這年頭還是有很多愛書的人，只是買書變成了一種經濟行為，好像買賣股票一樣，非得錙銖必較不可。和這些精打細算的人比起來，孩童和青少年就比較乾脆，看到自己喜歡的作品就爽快地掏出錢包，只要價格便宜就好，他們臉上的笑容好像是挖到寶藏一樣，令人也心情愉悅起來，暗自希望他們能在書中找到一個美好的世界。

　　過了幾個小時以後，買書的人潮慢慢消散，看到書架上還有那麼多好作品無人理睬，心裡不禁有些惆悵不平。幸好朋友拔刀相助，教我不要坐在櫃台後面痴痴地等，滿臉越是急迫期待的表情，越容易讓人望之卻步，不如積極地整理書架，甚至假裝瀏覽、欣賞、翻閱一些作品，群眾看到有人對書著迷，自然也會產生興趣。我依言照作，朋友也故意埋頭研究幾本大部頭的書，這消費者的心理學果然有效，許多人紛紛走近，有意無意地張望著我們在看什麼書，架上又有哪些書留下，價格如何。如此一來，我又賣出了一些書，心情也隨之好轉起來。

　　直到最後打烊的時候，實在沒有人來買書了，我才開始收拾，同時物色一些自己喜歡的書。有許多書是我已經有的，雖然書況不錯，卻沒有必要再買一本來替換家中讀起來有如舊衣一樣舒服的舊書。另外有些書已經泛黃，破損折角，狼狽不堪，我卻因為喜愛其作者或欽羨其故事特色而毫不猶豫地買下，回家之後修修補補，加上書套，又是一場全新的戀愛。就這樣唏哩嘩啦地挑了二十多本書，數數錢包裡有限的鈔票，卻實在是買不起，輾轉考量半天之後才忍痛割捨了一大半，只剩下十本絕對不能放棄的好書，歡歡喜喜地放入袋裡，是這次賣書最大的收穫。

　　等所有的書都裝箱之後，我看著空無一物的書架，心中悵然若失。這些書會被整箱整箱地低價賣給二手書店，也許它們終究會找到忠心的

《時間的秘密》

主人,也許它們會一輩子躺在哪一間陰暗的舊書店一角,乏人問津。無論如何,我在它們的生命中曾經扮演了一個接引的角色,也算有緣,也是我前世修行過的福分所得。也許明年園遊會再次舉辦的時候,我又會回來做個賣書人,又一次體驗富有的滋味,儘管只有半日。

——原載於 2010 年三月二十七日

《時間的秘密》

英雄難為

　　昨天晚上看了一部 2002 年發行的好電影《K-19：寡婦製造者》(K-19: The Widowmaker)，由著名演技派明星哈里遜‧福特 (Harrison Ford) 和廉姆‧尼森 (Liam Neeson) 主演。這部美國電影介紹的是 1961 年在蘇聯 K-19 號潛艇上發生的一次核漏事件。這是蘇聯海軍的第一艘具有遠航能力的彈道核潛艇。

　　當時美國和蘇聯正處於冷戰的白熱化時期，K-19 的任務是潛行到北大西洋靠近格陵蘭島的海域進行飛彈發射訓練，順便給美國瞧瞧蘇聯可以輕易把華盛頓納入飛彈射程的本領。這艘潛艇在製造過程中發生不少意外，因此被暱稱為「寡婦製造者」，其在下水儀式「砸香檳」時甚至連香檳瓶都沒有破碎，因此被視為凶兆，這是電影中「預示」(foreshadowing) 的技巧。

　　飛彈試射成功後，K-19 的核反應堆主循環泵和輔導環泵產生故障，造成核反應堆的溫度急速升高，很快地就超過了攝氏九百度的核反應棒熔點極限。這個危機如果不加以處理，核反應堆便會爆炸，再加上潛艇上攜帶的三枚核導彈和液體燃料，爆炸之後會造成嚴重的核污染和生態危機，連一百公里之外的北大西洋公約組織基地也會受到損害。

　　潛艇的指揮官原來是波倫尼 (Mikhail Polenin)，當時卻由沃斯川克夫 (Alexis Vostrikov) 擔任，兩位指揮官的角力和其他高級軍官之間的明爭暗鬥固然是造成情勢緊張的部分原因，所有艇員的年輕和熱情、以及他們願意盡一己之力為信念奉獻的精神，卻是這場危機的重心。兩位指揮官可以向美國海軍請求協助，然而他們否決了這個方案，決定用潛艇上儲存的三十噸飲用水來冷卻核反應堆。

　　六位年輕的艇員分為三組，在沒有專業輻射防護的狀況下，只穿著一般防止化學污染的護衣，進入充滿高度核輻射的核反應堆內部進行搶修，雖然控制了危機，自己卻受到嚴重的輻射灼傷。不久之後危機再度

發生，兩位指揮官在徵得所有艇員同意之後，決定把潛艇下降到深海之中，以避免因為潛艇的爆炸而引發美國和蘇聯之間戰爭的爆發。另外兩位艇員犧牲自己的生命而進入核反應堆進行搶修，連指揮官沃斯川克夫自己也不顧危險而加以營救。

　　以上是電影的劇情，觀眾有如親身經歷深海中核爆危機的緊急處理，在膽戰心驚之餘，不免也心折於兩位指揮官的冷靜和識大體，同時感動於那一張又一張年輕的面孔，他們充滿青春夢想的熱情執著，對於自我信念的質疑和掙扎，以及願意犧牲小我以完成大我的無私奉獻。危機解除後，同樣也受到核輻射污染的指揮官沃斯川克夫到醫務艙去探望八位全身纏滿繃帶而瀕死的年輕艇員，向他們報告危機的處理結果，並向他們致敬。「你們都是英雄，是值得讓國家、人民為你們感到無比驕傲的英雄，這場危機的解除完全是你們的功勞，你們的成就值得做為所有人的模範。」

　　指揮官沃斯川克夫的這一席話，在令觀眾肅然起敬之餘，多少也反映出自我對於軍人命運的感嘆。他知道莫斯科不信任他對於這場危機的處理方式，卻把自己的生命當作賭注，寧可被上級送到古拉格群島當囚犯，也要採取一切必要的措施來拯救潛艇和所有艇員免於死亡的威脅。他和指揮官波倫尼一樣，都在漫長而充滿機詭狡詐的軍人生涯中學到了團隊精神的重要性。在深海中，潛艇就是自己的家，所有艇員也都是自己的家人。與其一味遵循千里之外的上級所謂充滿政治考量的各種決策和命令，寧可珍重自己的家人而為之全力奮鬥。

　　也許這就是英雄的定義。英雄不一定要是名人。只要情勢緊張到一定的程度，只要有能力做出不平凡的決定，普通的小人物也可以成為英雄。這令我想到了其他幾部歌頌英雄的文學和電影作品，請見下文分解。

——原載於 2010 年四月十一日

《時間的秘密》

續：英雄難為

　　其實這篇文章的來源是動作巨星李連杰主演的電影《霍元甲》（2006年發行），最近有機會欣賞，心中有很深的感觸。霍元甲是清末有名的武學家，年輕時驕縱狂妄，恃才傲物，後來因為誤會而殺死一位武林高手，自己的母親和女兒卻也被害身亡。這殘酷重大的打擊終於使霍元甲明白了武學的真正道理不在於戰勝他人，而在於戰勝自己。在中國面臨列強侵略之際，他成立了精武體操會，以健身勵志、促進民族自強為宗旨，更屢屢擊敗輕視中國人為「東亞病夫」的各國武術高手，為中國爭光。

　　霍元甲在一次武術比賽中被日本人下毒而七孔流血，明知自己性命不保，他依然決定出場比武，給所有在場的中國人做一個好榜樣。這是辛亥革命的前一年，全中國瀰漫著自立自強、團結禦外的氣氛，霍元甲雖然死去，其精神卻鼓舞了無數大好男兒，願意為國家的獨立興盛而拋頭顱、灑熱血。這段歷史，當年做學生時讀來熱血奔騰，此時再度回想起來，感覺卻有些滄桑落寞，好像突然發現自己竟然忘記了多年好友，自己也老了。

　　看完《霍元甲》，不由得想到李連杰主演的其他兩部電影：《黃飛鴻之二：男兒當自強》（1992年發行）和《英雄》（2002年發行）。在這兩部電影中，李連杰飾演的都是英雄的角色。黃飛鴻對抗白蓮教，結識陸皓東和孫中山，間接促成了辛亥革命的產生；無名大俠立志刺殺秦始皇，最後卻領受已經退隱的大俠殘劍的訓誨，為天下著想而選擇犧牲自己，寧可讓秦始皇統一六國，也要停止綿延不斷的戰爭殺戮。這兩位英雄做的都是非凡的決定，對他人的影響也是巨大的。

　　（閒話一句：《英雄》這部電影，顯然在發行英文版 Hero 以打入國際市場的時候給翻譯人員吃足苦頭。殘劍在沙上寫了「天下」兩個大字，然後飄然遠去，希望無名能領會其中的道理。這「天下」兩字的英

文應該怎麼翻譯?又只能限定為兩個英文字?我自己絞盡腦汁也想不出來,後來看英文字幕才明白,「天下」兩個字被翻譯成 Our Land,雖然說的是土地,很明顯地指的卻是所有生活在這片土地上的老百姓。我覺得,這翻譯算是相當不錯了。)

　　《射鵰英雄傳》裡的郭靖拼命阻止成吉思汗屠殺百姓,搞得成吉思汗雖然完成了強圖霸業,卻因為自己在這小子眼中居然算不上英雄而鬱鬱以終,死的時候嘴裡還唸著「英雄」二字。《三國演義》裡的曹操做不成英雄,連梟雄也當得津津有味,只是在後人眼中的氣概還不如關羽過五關、斬六將、護兄嫂、釋曹操,十分英雄。這兩個例子充分說明了英雄的形成缺少不了旁人的襯托,這襯托可以是正面的肯定、崇拜,也可以是反面的批評、攻擊。踽踽獨行、與世隔絕的人是絕對當不了英雄的,最多只能稱為隱士。諸葛亮如果一輩子臥龍,郭靖如果一輩子在桃花島上自在逍遙,則不但歷史要改寫,我們也沒有好書可看了。失去了英雄的歷史,描述英雄獨自在家裡吃飯喝酒享福的故事,不讀也罷。

　　這也讓我想到電影《蒙面俠蘇洛》(The Mask of Zorro,1998 年發行),男主角原本只是個窮小子,在為老蘇洛復仇、打敗惡勢力、贏得美人心之後,自己雖然成為新一代的蘇洛,卻在嬌妻的柔情壓力下退隱,生了一個可愛的兒子。七年之後,蘇洛畢竟不甘於告老還鄉的日子而再度復出,於是有 2005 年發行的《蒙面俠蘇洛之二:不朽傳奇》(The Legend of Zorro) 這部電影,蘇洛的太太也因為他選擇為人民服務而忽略家庭,氣得把他踢出家門。如此看來,蘇洛和《超人總動員》(The Incredibles,2004 年發行)的超能先生可以算是同病相憐,都面臨某種中年危機,只不過《超人總動員》裡的彈力女超人因為也有超能力而能理解丈夫的苦衷,《蒙面俠蘇洛》裡的伊蓮娜卻只是個所謂平凡的女人而已。

　　於是,英雄確實是必須依靠群眾才能存在。儘管如此,只要有適合的領導而又能團結,群眾本身也可以成為英雄,只是在掛名上無法突顯個人色彩而已。前文寫的《K-19:寡婦製造者》(K-19: The Widowmaker,2002 年發行)這部電影,雖然有兩位指揮官的精彩對

決,真正的英雄卻是那些年輕單純的潛艇艇員,為了一己報效國家的信念而不惜犧牲生命。至於《搶救雷恩大兵》(Saving Private Ryan,1998年發行)這部電影中的英雄,則是那些拼死登陸諾曼第海灘的美國士兵,而非他們的指揮官。要犧牲眾人性命,只為了搶救一個士兵,未免無情,然而這正是戰爭的殘忍和荒謬,情勢緊張中高層領袖的一念之仁(或不仁?),以及英雄的難為之處。英雄如果不在某種程度上犧牲自己的福祉和利益,不成為天底下命運最悲慘的人,也算不上是英雄了,誰會理他?古今中外,誰看過、聽過或讀過任何快樂英雄的故事?

——原載於2010年四月十二日

第四部：語言天堂

《時間的秘密》

《時間的秘密》

嗝聲處處

　　有機會參加了澳洲國小的週會，在唱國歌的時候，驚喜地聽到了澳洲原住民的版本，除了傳統土著的樂音悠揚之外，還有孩童們稚嫩天真的歌聲。原本正經八百的國歌，就這樣變得清新可愛起來，和全體立正的那種正派嚴肅又完全不一樣了。

　　澳洲國歌裡有一個很好玩的字：girt，發音和意義和塵土的 dirt 差不多，只是開頭的發音是 g。Girt 這個字其實是 gird 的過去式（也可以寫成 girded），基本意思是「環繞以使其堅固」，延伸意義則是「鼓起勇氣以準備採取行動」。二十世紀著名的俄國歷史專家林肯 (W. Bruce Lincoln) 就曾經用過這個字：Men still spoke of peace but girt more sternly for war.（人民依然思慕和平，然而也更加堅決地準備戰爭的到來。）

　　澳洲是洲島大陸，四面環海，因此在國歌裡有這樣一句話：Our home is girt by sea.（我們的家園為海水環繞。）澳洲人天性幽默，越是嚴肅的事物或話題，越喜歡拿來開玩笑，自娛也娛人，所以幾乎每個澳洲人都記得自己從小唱國歌的時候，最喜歡強調 girt 這個發音起來好像在打嗝的字。尤其是在國小高年級或高中的集會上，許多學生都會故意 girt 來 girt 去，還要翻翻白眼，故意抱著肚子假裝在打嗝，聽起來好像是夏天傍晚池塘裡的一大群青蛙。

　　每次聽到澳洲國歌裡的這個字，都會讓我想起國中時代的一位訓導主任。這位主任五短身材，面惡心善，由於在學校裡的為人處事比較認真嚴肅，有些頑皮的學生總是不太喜歡他，給他取了一個「矮肥短」的綽號，常常在背後嘲笑他。這是年輕人特有的，無心的殘酷。

　　那時我們剛學英文，每堂英文課都要捧著課本大聲朗誦課文，聽起來好像是書聲朗朗，理直氣壯，事實上自己也不知道自己在唸些什麼。學到 everyday 這個字的時候，大家特別興奮，因為它的發音如果古怪一

些,聽起來簡直就像中文的「矮肥短」。整間學校裡經常可以聽見某班的學生嘰哩咕嚕地唸著英文,每次唸到 everyday 這個字的時候就特別大聲,簡直是全班五十幾位同學共同用丹田之力吼叫出來一樣,存心就是要惹訓導主任生氣。偶爾會有幾個班級剛好都在上英文課,大家的進度又都差不多,於是每一層樓都迴響著 everyday 的聲音。我想,訓導主任又不是傻瓜,聽到大家在笑他,心裡一定很難過。

那已是二十多年前的往事了。每次在澳洲的公開場合聽到國歌響起,噶聲處處,我都會想到那位訓導主任。希望他還在世,身體健康,精神愉快。

——原載於 2010 年三月一日

《時間的秘密》

蒼白、美麗、公平

寫完了關於澳洲國歌用字的文章〈噓聲處處〉，意猶未盡，所以再拿歌中的另外一個字來討論。澳洲國歌的歌名是「前進，美麗的澳大利亞」(Advance Australia Fair)，其中的 fair 這個字，相當有意思。

字典上說 fair 這個字可以有三種意義：蒼白，美麗，公平。比方說我們描述某人皮膚白皙，可以寫成 She or he has fair skin，像《暮光之城》(Twilight) 裡的貝拉 (Bella Swan) 就曾經這樣形容自己的膚色，健康的時候是白皙，生病的時候就顯得有點透明了 (translucent)。又比方說我們描述某個人長得很好看，可以寫成 Here is a fair young girl。像白雪公主的後母在童話裡就一天到晚喜歡問：Mirror, mirror on the wall, who is the fairest of them all? 顯然對表面工夫很在乎，自然容不下白雪公主這個眼中釘了。

偶爾 fair 這個字也可以用於口語的計量或程度描述，比方說「我吃了不少飯」(I have had a fair bit of rice to eat) 或「我對這本書有一定程度的了解」(I have a fair understanding of this book)。此外，fair 這個字做為名詞，也可以是某種集會或展覽，比方說美國各州或郡舉辦的嘉年華會或農產品展示會 (state or county fair, agricultural fair)，一般學校裡舉辦的科學展覽 (science fair)，或是遊樂場裡如雲霄飛車一類的遊樂設備 (fair rides)。

然而 fair 這個字在澳洲國歌裡，我覺得最適當的意義是「公平」。澳洲人最喜歡說 fair go，意思是不論一個人的出身背景或優缺點為何，只要他（或她）願意參與一件事，其他人就應該給他（或她）一個公平的機會 (give him or her a fair go)。這是澳洲文化最大的特色之一，也是澳洲之所以能成為一個尊崇多元文化的移民社會的最大動力。不管移民來自何處，只要他們願意守法，盡公民的責任，尊重並提倡澳洲的民主平等價值觀，那麼所有的澳洲人就都享有平等的地位，不應該受到各種

形式的歧視。

像澳洲有一個政府機關就叫做 Fair Pay Commission（公平薪資委員會），後來改稱 Fair Work Commission（公平工作委員會）。目前澳洲政府規定的最低薪資是每小時 14.31 澳元，相當於新台幣 411.20 元（依三月一日匯率計算）。如果以標準的每週工作時數 38 小時計算，週薪最低是 543.78 澳元，相當於新台幣 15,618.83 元（依三月一日匯率計算）。

最後來說說 fair 這個字和其他形容詞之間的相同和相異處，給大家做個參考。Fair 這個字強調的是對任何一方都

偏袒，不受自我感覺、偏見或欲望的影響，而能達成對所有相關利益的均衡考量。Just 這個字比較有遵循一個公平公正標準的意思，而 equitable 這個字比較溫和，通常用來形容對各方人士的平等對待。Impartial 這個字強調的是免於偏見或偏心。Unbiased 這個字就比較強烈，暗示著所有偏見的徹底免除。Dispassionate 這個字偏向於描述個人主觀感情的避免介入，因此有時候會給人平淡或冷淡的感覺。Objective 這個字指的是對於各種人事物的客觀對待，避免透過個人利益或感情的角度來看事情。

——原載於 2010 年三月二日

《時間的秘密》

不加蠟的問候

　　丹‧布朗 (Dan Brown) 的新書《失落的符號》（The Lost Symbol，2009年出版）雖然千呼萬喚始出來，卻未能達到《達文西密碼》（The Da Vinci Code，2003年出版）那種令全世界讀者又愛又恨的狂熱暢銷度。儘管如此，這本書廣徵博引，列用了無數令人驚異的歷史、建築和語言典故，看起來令人拍案叫絕，在語言方面的知識也長進不少。

　　書中提到了「你誠摯的」(Yours Sincerely) 這個英文信末問候語的由來，雖然只是短短幾行帶過，意義卻相當深遠。Sincere 這個字的拉丁文是 *sine cera*，翻譯成現代英文也就是「沒有蠟」的意思。話說自從文藝復興時期的米開蘭基羅 (Michelangelo) 以來，真正有驚世絕藝的石雕藝術家已不復見，許多以大理石為素材的工匠經常下手過重而造成石面裂縫處處，又沒有能力另外找一塊大石頭來代替，便發明了投機取巧的方法：在裂縫處塗蠟，然後抹上大理石屑，看起來便有渾然一體的感覺，不仔細觀察是找不出問題的。由此典故來看，如果寫信的人在信末註明了 Yours Sincerely，就表示這封信的內容「沒有加蠟」，絕對是童叟無欺，值得收信者百分之百的信任。

　　我在看到這段文字的時候十分興奮，除了學到寶貴的知識以外，也記起許多看過或讀到的英文信末問候語。我自己收發電子郵件的時候，通常只是短短地寫上 Cheers（祝愉悅）這個字就算了事，只有在正式書信往來的時候才會用 Yours Sincerely，更不會想用其他有趣也有意義的詞語。然而有些信末問候語實在太好玩，又出自許多風靡全球的音樂、文學或電影作品，就算不實際去用它們，了解一下背景也是好的。以下是我自己收集的一些精彩的英文信末問候語，給大家參考。

　　Live Long and Prosper：科幻電視影集《星際爭霸戰》(Star Trek) 裡，瓦肯人 (Vulcan) 的問候語，可以翻譯成「福壽安康」，如果能配上

手勢就更好了。

　　May the Force be with You：科幻電影《星際大戰》(Star Wars) 裡的絕地武士 (Jedi Knights) 的問候語，可以翻譯成「願原力與你同在」。也有人愛開玩笑，改寫成 May the Sauce (or Horse, or Source) be with you。

　　Hasta la vista, Baby：科幻電影《魔鬼終結者：審判日》(Terminator 2: Judgment Day) 裡，機器人學到的一句西班牙話，可以翻譯成「寶貝，後會有期」。

　　So Long and Thanks for All the Fish：著名科幻小說《銀河便車指南》(Hitchhiker's Guide to the Galaxy) 中，海豚們離開地球時給人類的留言，可以翻譯成「再見，多謝你們的魚」。

　　All You Need is Love：「披頭四」樂團 (Beatles) 的名曲，可以翻譯成「你需要的只有愛」。

　　That's All I Ask of You：著名舞台劇《歌劇魅影》(Phantom of the Opera) 裡，女主角和戀人對唱的情歌，和上述「披頭四」的名句相映成趣，可以翻譯成「愛是我唯一所求」。

　　If You Drink and Drive, You're a Bloody Idiot：澳洲最著名的大眾口號，可以翻譯成「如果你酒醉駕車，你就是他媽的混蛋加笨瓜」。

　　Another Day in Paradise：歌手菲爾‧柯林斯 (Phil Collins) 的名曲，可以翻譯成「天堂裡的又一天」。

　　Shine on, You Crazy Diamond：搖滾樂團「平克‧佛洛伊德」(Pink Floyd) 的名曲，可以翻譯成「閃亮吧，你這瘋狂的鑽石」。

　　Seize the Day：羅馬詩人賀拉斯 (Horace, or Quintus Horatius Flaccus) 的名句，可以翻譯成「把握今天」。

　　That's All I Have to Say about That：電影《阿甘正傳》(Forrest Gump) 裡的名句，可以翻譯成「我要說的就只有這些了」。

　　For Strength and Honor：電影《神鬼戰士》(Gladiator) 裡，鬥獸武士們的宣誓語，可以翻譯成「為戰力與榮耀奉獻」。

《時間的秘密》

　　Yes We Can：美國總統歐巴馬 (Barrack Obama) 的競選名言，這就不需要翻譯了。

　　Glad You've Got to Meet Me：不知道誰說的一句話，是「很高興認識你」的反語，可以翻譯成「很高興你能認識我」。

——原載於 2010 年三月六日

木頭的保佑

　　如果你身邊有人突然打了個噴嚏，你最好的回應方式便是（誠心誠意地）說聲 Bless You!，這是 God bless you 的縮減，也就是「上帝保佑你健康」的意思。

　　如果你沒有宗教信仰，又常常有自我保佑的需要，則所謂「人必自助而天助之」，最好的辦法，就是找一塊木頭來敲，也就是 knock on wood 這句話的表態。如果你比較喜歡英式英語的用字和腔調，也可以說 touch wood。

　　Knock on wood 這句話的來源如今已不可考，其主要的用法，是在表達萬事順遂的願望之後又想要避免對於命運的無心挑釁。比方說你今天要和女（男）朋友出門踏青，早上陽光普照，你高興地說：「啊，看起來今天用不到雨傘了。」話剛說完，你便希望老天爺不會因為這句話而存心給你潑冷水，賜下一個小貓小狗的暴風雨（也就是 It's raining cats and dogs! 的中譯），便趕緊說聲 Knock on wood!，同時敲一下身邊的木製事物，像是木桌的表面等等。這是一種內心想望的表達。

　　我自己喜歡 touch wood 這個詞，一方面是用習慣了，覺得說起來比 knock on wood 簡短而順口，一方面也是比較方便，找塊木頭摸摸就可以了，也免得把手指敲痛。心存幽默的西方人，尤其是早失華髮的男士們，有時候找不到木製的事物，便拿自己半禿或全禿的腦袋來當木頭摸摸，說聲 touch wood，在自我調侃之餘，多少也有些和老天爺稱兄道弟、開開玩笑的意味，親和力比較大。

　　Touch wood 這個詞千萬不可以和 touchwood 或 Torchwood 這兩個字混淆。Touchwood 是用來燃火的碎木，和 kindling、tinder 等字的意義相同。至於 Torchwood，有人翻譯成「火炬木」，是一部有名的英國科幻電視影集，從更有名的經典之作《異世奇人》(Doctor Who) 衍生而來。凡是熟悉英國影視成就的人，都知道《異世奇人》從 1963 年以來在

科幻界建立的名聲，金氏世界紀錄將其列為全球播映歷史最悠久的科幻電視影集，為之瘋狂的影迷不知道有多少。「火炬木」的英文 Torchwood 便是從 Doctor Who 這個字轉換字母順序而來，頗有《達文西密碼》(The Da Vinci Code) 書中「易位構詞遊戲」(anagram) 的意味，《火炬木》影集本身則專門探討外星人和超自然現象。

話題扯遠了。同樣是尋求保佑，英語中還有一個常用的詞，便是 fingers crossed。這個詞有正面和負面兩種意義。正面的意義和 knock on wood 類似，都是對於好運的祈求和想望，在表達願望之後以中指和食指交叉，希望能擺脫壞運而使好運降臨。在這裡要注意的是，一般人都是把右手的指頭交叉以祈求好運，如果有人要「貪心不足蛇吞象」，把兩隻手的手指都交叉起來，那可能就會帶來壞運，正是所謂「否極泰來」、「滿招損，謙受益」也。

一般人在談話時要對方好自為之、盡人事以聽天命的時候，都會說 keep your fingers crossed 或 cross your fingers。然而這個詞的負面意義便是有存心不良的人在做出承諾的時候便打算事後不認帳，因此就算是斬雞頭、割破指頭作血書、向老天爺信誓旦旦的時候，也會把手指在背後交叉，反正別人看不到，自己事後偷笑一番即可。這方面最有名的例子便是電影《楚門的世界》(The Truman Show)，男主角楚門發現自己原來活在精心建構的電影佈景裡，更在結婚照片中發現太太雖然甜蜜嬌美地依偎在他懷中，手指卻在身後交叉，在盡好演員義務的同時還不忘為自己未來的終身大事打算。一個人被背叛的驚異和痛苦，莫過於此。

最後把話題扯回木頭的保佑上來。大家在敲摸木頭的同時，可能會想到 1970 年代頗著名的那首歌〈敲三下〉(Knock Three Times)。這首歌主要描述的是一個男孩想約女孩出去，但是因為太害羞而只能以歌聲傳情，在歌詞中對住在他樓上的女孩說，如果妳對我也有興趣，就在地板（也就是我的天花板）上敲三下，然後和我在樓下大堂碰面；如果妳不喜歡我而根本不想現身，就在金屬水管上敲兩下，我就知道妳的意思了。

大家的地板都是木製的嗎？如果是，在自求保佑的時候可要注意手

《時間的秘密》

下敲摸的木頭在哪裡喔!

——原載於 2010 年四月十四日

第五部：譯園遊蹤

《時間的秘密》

《時間的秘密》

我是一座橋

　　在澳洲居住將近十三年了，直到最近三年才正式展開翻譯的工作，主要是在網路上刊登相關的服務資訊，願者上鉤，此外也登記加入了幾個兼職翻譯和寫作的網站，以會員的身分和全世界的同業競爭。

　　絕大多數的時候，翻譯都是件苦差事，因為金錢至上，不能隨便挑選客戶，只好來者不拒，什麼樣刁鑽古怪的文件都得仔細處理，常常弄到三更半夜還在爬格子，非常辛苦。幸好到目前為止，所有的客戶對我的翻譯品質都十分滿意，還有一再回來要求翻譯協助的，令人感到十分窩心，工作起來也自然會更加賣力。

　　以文字為業，不管是翻譯別人的文件，還是自己提筆寫作，對於文字的品質都十分注重，自我要求極高。也許正因為這樣，才會特別辛苦吧！目前網路上從事相關行業的何止千百，僅僅是中文和英文之間的翻譯，也許就有上萬個資質優秀、經驗豐富的人才，和我拼命競爭著，有時候想像一下，覺得真是恐怖啊！我雖然因為能中翻英、英翻中，同時繁體和簡體中文兼顧，搶到了些許的工作機會，但是一山還比一山高，人永遠是不能自得意滿的。只能把這些寶貴的經驗深刻留在心中，每一筆翻譯，都是人生一場難得的教訓，可以學到許多東西。

　　有時候也會悲觀，覺得因為大家拼命競爭的緣故，價格壓得特別低，翻譯或寫作幾百幾千字，根本賺不到什麼錢。同時客戶也因為貪小便宜，往往只選擇為低價工作的人，卻不在乎其是否能盡職，是否重視文字的水準和品質。像我這樣只寫幾句話都要三思良久的人，在這個競爭激烈的世界上究竟還有沒有生存的餘地？自己在乎這許多，在別人眼中又究竟有沒有任何價值？

　　也許這正是做為一座橋的苦惱，千萬雙腳在身上踐踏過去，只願意默默守住自己的崗位，緊緊搭著兩岸不放手，致力於溝通所有的文化內涵。既然做為一座橋，在兩岸都要奠定深厚的基礎，所以自修是很重要

《時間的秘密》

的，每天低頭看著橋下的滔滔流水不回頭，心情也應該澄澈不少吧！

——原載於 2010 年二月八日

《時間的秘密》

翻譯的校對與編輯

　　翻譯是一件吃力不討好的工作，無論在兩種語言之間如何悠遊自得，要把一種文化順暢而優美地轉變成另外一種文化，讓讀者能心領神會，乃至於心醉神迷，絕對不是一件容易的事。有人以為，並不是每個會第二外國語的人都可以進行翻譯，我對這一點深有同感。翻譯牽涉到的不只是字句的轉述，更包括整體文字表達的通順、自然和優雅，因此翻譯可以說是一種再創作。沒有能力寫作的人，也很難成為有成就的翻譯。

　　台灣在翻譯世界文學的成就上有目共睹，然而直到近年來，幾個規模比較大的出版社才建立了翻譯校對和編輯的制度。過去出版界對於翻譯人才的仰賴，主要是出於懂第二外國語的人不多，因此編者、論者和讀者必須信任譯者的能力，無法檢查翻譯內容的正確性和通俗性，也不認為有這個必要。這種直接信任而不加以審查的後果，便是許多人都看過翻譯得慘不忍睹的文字，不是滿紙歐化語法，就是錯字連篇，以至於嚴重影響到讀者欣賞文字內容的能力。沒有專業能力和素養的翻譯，在某種程度上也算是一種對於原文作者的侮辱。

　　近年來，擅長第二、第三外國語的人越來越多，同時面對其他華文市場薄利多銷的激烈競爭，台灣的出版重心逐漸從「量」的著重轉為「質」的提昇，每本書的出版從封面設計到內頁規劃，無不以精緻動人為主，對文字水準的講究也隨之加重。今日的編者、論者和讀者可以自由比較同一本書的不同版本，審查的密度和深度也大為增加，因而提高翻譯的品質，對於譯者的要求也日漸嚴厲。如果譯者在一本書的表現上不夠好，隨時都可能失去下一本書的翻譯機會，同時還有更多優秀的譯者在等待大展身手的機會，因此譯者非得講究專業不可。

　　翻譯的成品需要校對，更需要編輯。這兩者之間是有差別的。校對的目的在於檢查並修正錯誤的用字和文法，編輯的用意則在於保持所有

《時間的秘密》

翻譯文字的正確、通達和優美。校對人員通常指出翻譯的錯誤，然後把作品退還給譯者修正，許多專業的翻譯公司通常會把校對列為服務客戶的重要項目之一，越來越多的客戶也會要求在翻譯完成之後進行校對，以保證翻譯品質。至於編輯，主要還是由出版社進行，確保單本、乃至於全套書籍的翻譯內容一致，同時盡力提昇翻譯的水準。

因此，簡單地說，校對只是修正，編輯卻是改進。有經驗的翻譯人員都知道，翻譯本身已經夠辛苦了，校對卻可以讓人頭痛，編輯則更會讓人元氣大傷，因為花費的心血可能遠比翻譯本身要來得多。有時候碰到素質不好的譯者，校對人員固然有改不完的錯誤，連編輯人員也恨不得自己動手來重新翻譯，免得繼續受粗劣文字折磨，而交稿的速度還要更快些。由此可見，沒有專業能力和素養的譯者可以算是公害，也是專業翻譯公司和出版社的公敵。

目前，在國際市場上，校對人員收取的費用大約是翻譯人員的三分之一，編輯人員的費用則約是翻譯人員的一半。這固然是肯定了對於譯者的需要和尊重，卻也充分強調了翻譯校對和編輯的重要性及必須性。今日台灣各界對於翻譯人才尚未達到應有的重視，同時因為競爭的人太多，價格和水準都無法提高，素質良莠不齊。唯有翻譯公司、出版社、論者和讀者一起開始要求翻譯的品質，透過校對和編輯的過程審核翻譯人員的成就，好的予以推崇，提高其福利，壞的則予以鄙棄，並嚴加批評。如此一來，翻譯人員在自我精進之餘也可以獲得社會大眾的監督，自然會臥薪嘗膽，再接再厲地為讀者提供最好的翻譯服務。

——原載於 2010 年三月八日

《時間的秘密》

尊重和肯定的價位

　　隨著全球化趨勢的加速擴散，全世界對翻譯的需求日益提高。尤有甚者，隨著中國做為一個政治、經濟和文化強國的崛起，世界各國對於中英文翻譯人才的需求也呈倍數級成長。

　　今日全世界有能力翻譯中英文的人才有如過江之鯽，一般而言，英翻中的價位比中翻英稍微高一些，能處理繁體中文的譯者也可以收取比較多一點的費用。在台灣的情況又不一樣，英翻中的人才實在太多，因此中翻英的人才價位比較高一點，同時許多人對於繁體和簡體中文也同樣熟悉，只有在特殊狀況下才會公開徵求可以把簡體轉換成繁體的專才。

　　在國際上，無論是中翻英或英翻中的費用，都是以原始文件的字數 (source words) 計算，很少使用目標文件的字數 (target words)。以美金計算，中翻英的費用可以在每字 0.03 元至 0.17 元之間，也就是每千字美金 30 元至 170 元，相當於新台幣 960 元至 5,440 元，依文件的複雜難易程度而有不同。（這是以三月五日的匯率為準，美金一元相當於新台幣 32 元。）如果是為了競爭而故意把費用壓低，也有每字收費美金 0.01 元或 0.02 元的譯者，相當於每千字新台幣 320 元或 640 元。

　　我自己當初為了打入國際翻譯市場，也曾經把價格壓到每字美金 0.03 元左右，這不是一件值得驕傲的事，只能等到建立客戶管道、在市場佔有一席之地以後，再找機會慢慢把費用提高。當初這樣決定的心情是很複雜的，感覺自己為了五斗米折腰，願意卑躬屈膝地去應對客戶的低價要求，對於提昇整體翻譯市場的素質水準而言，一點用都沒有，反而助長了壓價之風。幸運的是，隨著市場的開拓，以及和專業翻譯社的合作建立，我進行翻譯工作的價位慢慢能提高，而有心追求品質的客戶也願意配合。更重要的是，翻譯的進行在於自己的需求，如果碰到喜歡的計畫就願意壓低一點價錢，以換取千載難逢的工作機會，如果口袋裡

的錢花光了,當然也不敢太過於東挑西揀。

　　後來發現台灣一般的翻譯價格偏低,不禁有些吃驚。不是老字號、有名望的資深譯者,只怕不能要求每千字新台幣六百元以上的價位吧?面對同業激烈的競爭,沒有人敢要求更多的費用,翻譯公司和出版社因此也樂得壓低價格,反正願者上鈎的人太多。我想像全台灣各地有多少每天熬夜爬格子的人,兢兢業業地在中英兩種語言之間掙扎生存,把翻譯做為正職而養家餬口是不太可能的,只能做為業餘的薪資補助而已。現在市面上那麼多的翻譯書籍,究竟是多少人的時間和心血所換來的?多少人真正能愉悅而滿足地進行翻譯事業?還是每個人都在苦苦爭取那每千字新台幣幾百元之間的差別?

　　翻譯和其他行業一樣,絕對值得社會大眾的肯定和尊重。有專業能力及素養的譯者和作者同樣重要,也同樣值得編者、論者和讀者的批評或讚許。如果您也讀過一本翻譯的好書,請不要吝嗇於提供您對譯者的各項指教。如果您也有需要請人進行翻譯的機會,請把譯者也當人看,諮詢一下他們的意見,肯定一下他們的成就,在他們把事情搞砸的時候也不要忘了痛罵一頓,讓他們知錯能改,善莫大焉。唯有台灣各界都願意肯定並尊重翻譯這個專業,台灣的譯者在不久的將來也才能有在國際社會上出頭的一天。

——原載於 2010 年三月十二日

《時間的秘密》

村姑野婦當翻譯

最近在忙一個翻譯計畫，搞得廢寢忘食，天昏地暗，樂此不疲。早上還在睡眼惺忪的時候突然接到一位長輩的越洋電話，問我最近在忙什麼。「這麼忙，有沒有瘦一點啊？」長輩殷殷關切，我據實以告。「這不太好吧？每天還是要注意一下，不要把自己弄得像村姑野婦一樣。」長輩殷勤教訓，我連忙點頭稱是。

掛了電話，想到長輩的叮嚀，覺得很有意思。村姑野婦這個詞，聽起來似乎有貶意，我卻以為是純樸自然的寫照。現在不是流行素顏嗎？所謂的脂粉不施，不一定就是蓬頭垢面。城市老鼠衣著光鮮，卻也不一定就比鄉下老鼠快樂。在家裡當村姑野婦，究竟是一件好事，還是我這個懶人的藉口？如果不做村姑野婦，我又可以做什麼？

現代社會中哪裡還有村姑野婦？城鄉不再有差距，處處臥虎藏龍，在市井之間深藏不露的高人比比皆是，走遍天下、擅長多種語言的才子才女更是滿坑滿谷。像我這樣一個以文字維生的人，和別人比起來，也許真的就像村姑野婦一樣單純而未經世事，需要向各界長輩學習的事情太多。從這個角度來看，做村姑野婦還真是一件好事，每天都能學到新的知識，鍛鍊新的心情。當翻譯，和別人切磋的機會雖然不多，每次完成一個計畫，總是覺得自己長進不少。唯有自己先虛懷若谷，心裡和腦中才能有容量接納不斷湧入的世情。

相較之下，當翻譯的人偶爾也喜歡比喻自己為幕後英雄，在家裡嘔心瀝血地工作，把一頁又一頁稀奇古怪的語詞轉化成優美易懂的中文，得到的報酬不多，卻能為廣大的中文讀者造福。日以繼夜的工作完成之後，心中頗有一種悲壯的感覺，好像自己這樣風蕭蕭兮易水寒的心情無人知，仗劍天涯的辛酸寂寞也沒有人可以了解，只有偶爾在小橋流水人家的一角邂逅一位同樣也是獨行天涯的劍客，彼此訴說幾句心情罷了，錯身交會之後又得回到自己的書房裡繼續奮鬥，縮衣節食，所謂荊釵蓬

裙、柴門陋庭是也。從這個角度來看，身為村姑野婦就有點心不甘情不願的委屈了，夾雜於其中的又有一點陶淵明式的驕傲：我同樣也是為五斗米折腰，可是心境上就比別人清高一些，因為我在東籬之下總是有一束野菊可採，你在熙來攘往的市區裡只怕連南山都看不到吧？

我自己最喜歡把翻譯當成寫作，像事業一樣經營，在野心之外更有無窮的樂趣。翻譯的目標在於用精確、流暢而優美的文字把專精於一種語言的作品轉化成另一種語言，因此是一種再創造的過程，其間牽涉到的專注研究和深度想像，有時候甚至比當初的創作還要吃力。作家筆下的文字朗朗流動，一瀉千里，暢快無比，翻譯的人卻得苦心經營，一方面要維持作家原本大江大河或細水長流的氣氛和感覺，一方面還要精心策劃，仔細施工，以確保這文字流水的順利，甚至協助其成渠灌溉，造福人類。翻譯，因此是件大事，需要先立大志才能進行。

再把話題扯回到村姑野婦身上：翻譯可以很實在，也可以很花俏，其間的差別固然在於每一位作者的文字風格不同，當翻譯的人本身的努力卻也十分重要。有經驗的翻譯人可以為一本平實無華的書妝點生色，缺乏文采和想像力的翻譯人如果不小心在意，也可以徹底毀掉一本好書。例如電影《窈窕淑女》(My Fair Lady) 中的賣花女伊萊莎原本可以算是一個典型的村姑野婦，卻能在精修禮儀、裝飾口音之後成為國家級宴會中萬人欽羨的淑女，可見這苦功夫還是要下 (The rain in Spain stays mainly in the plaaaaaaiiiiin...)，將來才可以給自己釣上一個金龜婿。正是因為伊萊莎經歷了如此大的轉變，她的人生才是一個不平凡的故事，如果她本來就是上層社會中幾千個身價高貴的淑女之一，在脂粉群中可能很難這樣迅速地脫穎而出吧！

而我，我還是寧願做個村姑野婦，不是為了釣金龜婿，而是要享受那份自然純真。在這裡只能向長輩說聲抱歉了，與其每天花時間粉刷牆壁，我這棟小屋還是寧願保持寒酸，只要四壁有好書，心中有文字，這人生也就足夠了。

——原載於 2010 年四月十日

《時間的秘密》

www.ingramcontent.com/pod-product-compliance
Lightning Source LLC
Chambersburg PA
CBHW071358080526
44587CB00017B/3123